Valérie Fortier
auteure

Mot de l'auteure

« LE VIN EST UN DON DE DIEU, LA BIÈRE EST UNE
TRADITION HUMAINE. »
— MARTIN LUTHER —

Le brassage de la bière est une tradition humaine qui remonte à des millénaires, basée sur les croyances et valeurs des différents peuples pionniers dans le monde brassicole. Une tradition qui a perduré, transmise fidèlement par ses adeptes, qui nous permet, encore aujourd'hui, d'apprécier et de savourer ces purs délices houblonnés.

Cette phrase de Martin Luther prend tout son sens ici avec la parution de cet ouvrage entièrement dédié à notre marché bièrophile québécois, marché qui ne cesse de grandir et de nous surprendre avec des produits diversifiés et de grande qualité. Que vous soyez amateurs ou bièrophiles accomplis, l'art et l'amour du brassage vous sont racontés au fil de ces pages afin de vous faire découvrir (ou redécouvrir !) la route des bières du Québec.

La Belle Province jouit d'une excellente réputation dans le domaine à l'échelle internationale et c'est tant mieux pour nous ! Ce guide regroupe tous ces passionnés qui, chaque jour, travaillent à redonner à la bière ses lettres de noblesse. Plus qu'un simple rafraîchissement, la bière se veut un produit complexe que chacun d'entre nous doit prendre le temps de déguster selon les règles de l'art.

Maintenant, c'est à vous de faire bon usage de ce guide et n'oubliez pas qu'en consommant nos excellents produits québécois, vous encourager l'économie locale et le développement de nouvelles recettes qui seront à la hauteur de vos attentes. Un « must » à apporter avec vous lors de vos prochaines escapades dans la province. À vos papilles, prêts, dégustez !

Bières au Québec

LE PETIT FUTÉ **« Bières au Québec »** est édité par :
Les Éditions Néopol Inc, 43 Av. Joyce, Montréal, QC, H2V 1S7.
Tél : 514-279-3015. Fax : 514-279-1143. Web : www.petitfute.ca
Courriel : redaction@petitfute.ca
Administrateurs : Gérard Brodin, Jonathan Chodjaï, Michael-Anthony Galvez.
Directeurs de collection : Jonathan Chodjaï et Michael-Anthony Galvez.
Directrice de la rédaction : Maeva Vilain.
Directrice des ventes et du marketing : Audrey Lorans.
Design, mise en page, photographies : Noémie Roy Lavoie.
Auteure : Valérie Fortier. **Régie publicitaire :** Dominique Raymond.
Correctrice : Claire d'Hennezel.
Impression : Lithochic. **Distribution :** Socadis-Flammarion.
ISBN : 978-2-922450-66-8.
Dépôt légal – Bibliothèque nationale du Québec, 2008.
Dépôt légal – Bibliothèque nationale du Canada, 2008.

LE PETIT FUTÉ a été fondé il y a 30 ans par Dominique Auzias. Les guides sont édités par les Nouvelles Éditions de l'Université, Paris, France. Jean-Paul Labourdette en est le gérant, et Gérard Brodin le directeur administratif et financier. Merci à tous les deux pour leur soutien et leur confiance.

REMERCIEMENTS. Aux brasseurs qui ont partagé avec moi leur expérience, leur philosophie, leurs aventures et leurs projets. À ceux qui m'ont permis d'explorer la « caverne d'Ali Baba » où les différentes recettes sont brassées avec amour et patience. À la communauté bièrophile pour son dévouement et sa passion à faire rayonner l'activité brassicole. À tous mes amis qui ont dû m'accompagner pour des dégustations… Clin d'œil ici à Nadine qui s'est « dévouée » pour la dégustation et qui a assisté à tout le processus d'écriture de ce guide. Je te remercie mille fois pour tes conseils et ton soutien ! À ceux qui depuis des années ont contribué à enrichir le Guide des Bières du Québec et à toute l'équipe qui gravite dans l'élaboration et la publication de ce guide. Et sans oublier… à mes patrons qui m'ont confié encore une fois un projet d'écriture des plus passionnants.

Grand bien nous fasse et qu'on n'en manque jamais !

Valérie Fortier
Auteure

Merci également aux établissements suivants de nous avoir généreusement ouvert leur porte pour la prise des photographies : Les 3 Brasseurs, Le Brutopia, Dieu du Ciel !, Le Marché des Saveurs du Québec, Le Pub St-Ciboire.

ENGAGEMENTS DU PETIT FUTÉ

- Les adresses sélectionnées englobent les endroits qui sont de notoriété publique mais aussi ceux qui gagnent à être connus et reconnus. • Rien ne sert de courir, il faut penser futé. Tous les effort déployés pour ce guide sont le fruit d'un travail d'équipe visant à vous en faire profiter … Alors n'hésitez pas à en user et en abuser !
- Les guides du Petit Futé sont financés en partie par les ventes et en partie par la publicité. • En aucun cas le contenu publicitaire ne dépassera 30% du guide, et il n'aura pas d'influence sur les articles des annonceurs. • Le Petit Futé n'est pas un distributeur d'étoiles, ni un donneur de notes, c'est l'expérience vécue que nous cherchons à retransmettre. • L'honnêteté guide la description des auteurs, pour un contenu fiable et authentique et des adresses sélectionnées au service des lecteurs. • L'utilisation du masculin dans ce guide est à titre générique et ceci pour alléger le texte.

Votre avis, vos bons plans nous intéressent alors, écrivez-nous : redaction@petitfute.ca

Sommaire

LA ROUTE DES BIÈRES DEPUIS SES ORIGINES

La route des bières à travers les âges est une histoire passionnante, intimement liée à la culture et aux traditions humaines. Les premiers écrits qui relatent l'existence de la bière remontent à 4 000 ans avant J.C. et ont été découverts par des archéologues, à Sumer en Basse Mésopotamie. Ce sont des poèmes épiques écrits sur des tablettes d'argiles et adressés à la déesse de la bière Ninkasi (déesse Sumérienne), dans lesquels on retrouve plus de 19 formules différentes de fabrication de bière.

La Basse Mésopotamie, actuelle Irak, fût le théâtre d'une des mutations les plus importantes de l'histoire de l'humanité. Nourries par les fleuves du Tigre et de l'Euphrate, les riches et vastes plaines de Mésopotamie étaient propices à l'agriculture et, peu à peu, l'homme apprit à domestiquer la terre. En développant des techniques de drainage et d'irrigation, il se sédentarisa et on vit apparaître les premières Cités. C'est à cette époque que l'homme apprend à maîtriser la culture de l'orge et de l'épeautre, avec lesquels il commença à fabriquer le précieux nectar. De là, les premières bières ! Elle fut un témoin privilégié de l'histoire des premières civilisations et joua un rôle de premier plan dans plusieurs pratiques culturelles de l'époque. Dans certaines cités de Mésopotamie, il était d'usage, pour le père d'une femme nouvellement mariée, de fournir son nouveau gendre en bière pendant un mois (calendrier basé sur le cycle de la lune).

C'est dans cette même région que fût découvert un vase sur lequel apparaissent des hommes qui partagent une jarre de bière. Ce vase date de 3 400 avant J.C. et représente la plus ancienne illustration connue de la bière. À cette même époque, les citoyens de Babylone fabriquaient une bière issue des moissons et nommée

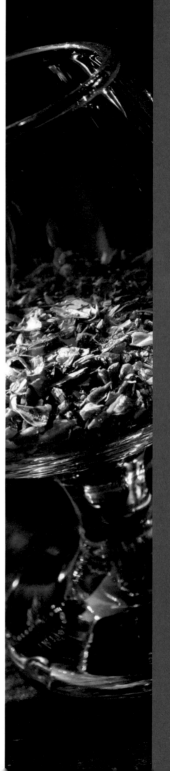

Introduction au monde de la bière

Bissebarussa. Celle-ci servait bien sûr à se désaltérer, mais constituait aussi une offrande aux dieux et un salaire pour les travailleurs.

DE L'ÉGYPTE À L'EUROPE

Vers 2 900 avant J.C., les Égyptiens possédaient déjà de véritables entités brassicoles régies par une réglementation stricte. Ils brassaient une dizaine de sortes de cervoise différentes, dont certaines avaient un taux d'alcool élevé et étaient parfumées avec des fleurs et des épices. La plus répandue et la seule dont le nom soit arrivé jusqu'à nous, était le zythum (voir Abièrecédaire). On parlait aussi à cette époque de « vin d'orge ».

Petit à petit, la cervoise fît son entrée sur le continent européen. Les traces les plus anciennes proviennent du Danemark actuel, vers 1 500 avant J.C., où l'on a découvert une bière à base de céréales.

> « Donnez-moi une femme qui aime vraiment la bière et je conquerrai le monde. »
> — Guillaume II —

À l'époque gauloise, on buvait principalement le fameux vin d'orge et, dans les régions où la vigne ne poussait pas et où l'envahisseur romain n'avait pu l'introduire, les habitants produisaient la cervoise (l'espagnol a conservé la racine pour donner cerveza). C'est en ce temps-là qu'on commença à brasser en famille tandis que les tonneaux en bois remplacèrent peu à peu les récipients en poterie.

En Europe, le phénomène se généralisa. Le brassage se répandit partout, du Caucase à l'Écosse en passant par la Germanie où les habitants furent très vite de grands consommateurs. Les particularités de goût et d'ingrédients, propres à chaque région, étaient fortement marquées. Les guerres, quant à elles, jouèrent un rôle important puisqu'elles permirent aux peuples de confronter leurs différentes techniques de fabrication.

LOUIS HÉBERT ET MARIE ROLLET : LE COUPLE À L'ORIGINE DE LA ROUTE DES BIÈRES ET SAVEURS DU QUÉBEC

Louis Hébert fût le premier colon agriculteur de la Nouvelle-France et sa femme, Marie Rollet, fut la première à brasser de la bière dans la colonie que Champlain avait fondé. Voici le contrat que signèrent Louis Hébert et la Compagnie de Canada, avant de partir pour la Nouvelle-France :

« J'ay, Louis Hébert de Paris recognois et confesse m'estre loué par acte à la Compagnie de Canada pour habiter avec ma famille deux filles et un fils, avec un homme que je mène avec moy nommé Claude Rolet audit pays de Canada et pendant les deux première années travailler à tout ce que me commanderont ceux qui auront charge de ladite Compagnie à Québec, pour le service d'icelle et, lors qu'il ne s'offrira affaire meritant s'y occuper, lesdits commis de Quebec me donneront licence de deffricher, labourer et ameliorer les terres dudit pays, et le provenu de mesdits labeurs et de mes gens, les mettre ès mains de la dite compagnie pendant les deux années, laquelle en pourront disposer comme de chose à elle propre, moyennant qu'elle s'est promise me payer pour tous mes gens et moy, par chacune desdites, la somme de trois cens livres tournois. »

« Et lesdites deux années passés, ne sera ladite compagnie tenue nourrir ny defraier d'aucune chose moy ny à mes gens et ny donner aucuns loyers, moyennant aussi qu'elle me permet faire tels labeurs qu'aviseray bien estre, soit estre, soit petum, blé d'Inde, jardinage et autre agriculture, dont les provenus seront à ma disposition pour les vendre à la dite compagnie par delà, au mesme prix que telle marchandise pourroit valoir deçà en France, et accorde que je pourray, à peine de confiscation et perte de mes loyers susdits, de traicter ny faire traiter par moy ny par mes gens aucune chose avec les Sauvages ny autres. »

« Et pour subnenir a mes necessitez, la dite compagnie m'a baillé et advancé la somme de six-vingts escus vallant trois livres tournois dont ladite compagnie court le risque sur le navire de Saint Estienne allant et venant, scavoir trois cents livres que luy avons fourny d'advance, et soixante livres tournois pour le riaque, dont je les quite. En outre Promets assister de tout mon pouvoir des malades qui seront de par delà, gratis, sans salaire. »

« Faict à Honfleur, le 6 mars 1617. »

« Signé : Thomas Porée, Louys Hébert, Vermule, Boyer »

« Combien de bière y a-t-il dans l'intelligence allemande ? »
— Friedrich Nietzsche —

LES MOINES BELGES

Au 8e siècle, les moines des abbayes, qui maniaient depuis quelque temps l'art du brassage, furent les premiers à utiliser le houblon de façon systématique. Les moines avaient en effet découvert les propriétés de cette plante : la conservation accrue et la suppression de certaines fermentations nuisibles. On nota également l'apparition des premières vraies brasseries, principalement liées aux monastères.

Au 11e siècle, le malt fît son entrée dans le monde de la bière. Essentiellement, il s'agit d'orge germée puis grillée.

La croissance des corporations et la mise en place de réglementations strictes furent les changements majeurs des 12e et 13e siècles. C'est dans ces conditions que fût fondée la ville de Munich et qu'apparurent environ 500 brasseries en Allemagne.

Au 15e siècle, la cervoise et le gruyt disparurent peu à peu pour laisser véritablement la place à la bière et au houblon. Les brasseries se multiplièrent donc sans cesse dès le 16e siècle.

Au 17e siècle, le roi de France octroya aux brasseurs un titre de « juré » qui leur donna le droit d'exercer leur profession. Le 18e siècle vit apparaître de nouveaux et nombreux progrès techniques. Ainsi le thermomètre fut introduit en 1760 et, dès 1784, les machines à vapeur remplacèrent progressivement les fourquets, fourches aux extrémités non pointues servant à mélanger l'eau et le malt.

L'INDUSTRIALISATION

La révolution industrielle amorcée au début du 19e siècle donna le départ d'une modernisation continue et sonna la fin du brassage dans le cadre familial. En 1805, le saccharimètre, appareil destiné à contrôler les quantités de sucre, fît son apparition.

Les améliorations les plus notoires au niveau scientifique restaient à venir. Ce fut chose faite lorsque Louis Pasteur découvrit la levure et lorsque la machinerie industrielle se développa. L'isolement de la cellule de levure et la mise à jour des propriétés fermentescibles de celle-ci offrirent aux brasseurs de nouvelles perspectives. La pasteurisation et l'industrialisation ont ouvert un nouveau chapitre dans l'histoire de la bière. Cela a notamment permis de brasser en plus grande quantité des bières plus stables, mais surtout exportables. Ce fut le début d'une longue époque, qui perdure encore aujourd'hui, marquée par l'uniformisation des produits et l'omniprésence sur le marché d'une bière blonde et limpide à prix très concurrentiel.

« La bière constitue un apport précieux à l'alimentation rationnelle et à l'hygiène. »
— Louis Pasteur —

Aujourd'hui, même si les méthodes de brassage, les goûts et l'équipement sont en constante évolution, les principes de base de la fabrication et les ingrédients n'ont pas changé. Le brassage de la bière est accessible à n'importe qui étant prêt à investir 200 $ dans un équipement de brassage-maison. Alors, partant du fait que la bière n'est qu'un simple mélange d'eau et de céréales fermentées, vous sentez-vous prêts à attaquer le marché ? Bien évidemment, dans les faits, tout n'est pas si simple car pour brasser une bière et être capable d'en reproduire le goût, il y a une multitude de points importants où l'attention du brasseur ne doit pas être perturbée. Il y a aussi des contraintes législatives et économiques qui empêchent certains brasseurs de faire connaître leurs produits au grand public. Vous trouverez plus loin une description du chemin qu'entreprend votre mélange favori « d'eau et de céréales » avant que vous puissiez déboucher votre rousse au chanvre préférée sur une terrasse du Quartier latin.

LA BIÈRE EN NOUVELLE-FRANCE

La bière fut adoptée avant le vin en Nouvelle-France ! Nos ancêtres, fiers de leurs habitudes et traditions, ont importé avec eux différents breuvages alcoolisés. Malheureusement, cultiver le raisin avec un climat aussi rigoureux et tordu que le nôtre en a découragé plus d'un. Le houblon a alors remporté la palme d'or ! Nettement plus nutritif et rapide à produire, le brassage de la bière s'est donc bien installé dans le quotidien des habitants du nouveau monde. On raconte même que les brasseries ont ouvert leurs portes en Amérique au même rythme que les églises… Cependant, ce n'est qu'après la Seconde Guerre Mondiale qu'aura lieu l'industrialisation de la bière. La microbrasserie Le Cheval Blanc sera la toute première à obtenir un permis de brasseur artisanal en 1987.

C'est Louis Hébert et sa femme Marie Rollet, qui sont à l'origine de la Route des Bières et Saveurs du Québec.

Louis Hébert fût le premier colon à cultiver la terre québécoise et à vivre de ses récoltes. Il fut engagé en 1617 par la Compagnie de Canada afin de s'installer à Québec avec sa famille. En tant qu'apothicaire de la colonie, Louis Hébert devait soigner les colons, et c'est sans doute dans cette optique que sa femme Marie Rollet commença à brasser de la bière. Les pères Récollets, engagés par Champlain à titre de ministres de la nouvelle colonie, ont aussi brassé de la bière aux alentour de 1620.

Louis Prud'homme, originaire de Pomponne près de Lagny-sur-Marne en Île-de-France et ancien capitaine de milice, est le premier brasseur à se déclarer comme tel lors du recensement de Ville-Marie en 1642.

La première brasserie ouverte au peuple de la Nouvelle-France a été inaugurée par les Jésuites, à Sillery, en 1647.

En 1665, Jean Talon débarque à Québec, à titre d'intendant de la Nouvelle-France, et il a comme mission de s'occuper de l'administration civile de la colonie. À l'époque, la colonie dépensait environ 100 000 livres par an en vins et spiritueux importés. C'est par soucis de voir cet argent servir à développer les produits locaux que Talon décida, en 1668, de faire construire une brasserie d'un potentiel de 4 000 barils annuellement. La moitié de la production était destinée au marché des Antilles. La brasserie ferma ses portes cinq ans plus tard. Une équipe d'archéologues de l'Université Laval, dirigée par Marcel Moussette, ont entrepris des fouilles dans les années 80 afin de retrouver les vestiges de la brasserie. Ils ont entre autres trouvé le plancher du germoir, la citerne d'eau, les séchoirs à orge, et même des grains de houblon laissés dans un drain.

En 1690, Charles Lemoyne, Seigneur de Longueuil, fit installer une brasserie sur ses terres mais elle ne fût vraiment opérationnelle qu'au début du 18e siècle. Le brasseur s'appelait André Cibert.

Suite à la défaite des Français aux mains des Anglais sur les plaines d'Abraham, le 17 septembre 1759 (la rumeur veut que plusieurs soldats français aient bu quelques bières de trop cette journée là !), la Nouvelle-France devint propriété de l'Angleterre. Cet événement ouvrira la porte un peu plus tard à l'occupation d'une bonne partie du marché québécois par les brasseries de colons ou de descendants de colons anglophones (Dow 1818, Labatt 1828, Carling 1840 et O'Keefe 1848).

John Molson et Thomas Loid fondèrent la brasserie Molson en 1796. En 1809, face à la demande croissante et aux nécessités de transport vers l'extérieur, John Molson devint le premier à faire voguer un bateau à vapeur sur le fleuve St-Laurent.

En 1918, le gouvernement canadien interdit la fabrication de breuvage contenant plus de 2,5% d'alcool. Sous l'influence du clergé, Les Cercles de Lacordaire (pour les hommes) et Sainte-Jeanne D'Arc (pour les femmes), furent fondés à cette période. Les membres de ces associations catholiques du Canada s'engagèrent à lutter contre l'alcoolisme en pratiquant l'abstinence totale des boissons enivrantes. « Le diable est dans la bouteille ! » En 1921, la prohibition toucha toutes les provinces du Canada, à l'exception du Québec et de la Colombie–Britannique.

« L'alcool est un produit très nécessaire…
Il permet au parlement de prendre
à onze heures du soir des décisions
qu'aucun homme sensé ne prendrait
à onze heures du matin. »
— George Bernard Shaw —

LA BIÈRE
DE NOS JOURS

PORTRAIT D'UNE INDUSTRIE QUÉBÉCOISE EN PLEINE EFFERVESCENCE

La naissance des microbrasseries et brasseries artisanales au Québec remonte à la fin des années 80. Ce nouveau marché de bières de spécialité est venu assouvir les consommateurs en quête de produits de qualité, plus forts en goût et issus de notre riche terroir québécois.

Les microbrasseries ont fait leur apparition en deux vagues successives : une première au milieu des années 80, une seconde entre 1995 et 1996. Lors de la deuxième vague, plusieurs microbrasseries se sont implantées en région. Malheureusement, de cette deuxième vague, presqu'aucune n'a survécu... Une troisième vague semble s'être bien installée depuis quelques années et nous souhaitons la voir perdurer.

Du côté des brasseries artisanales, le premier permis fut octroyé au Cheval Blanc en 1987. En 1997, on comptait déjà une dizaine de ces établissements dans la province. Un chiffre qui a pratiquement triplé depuis dix ans !

Depuis les années 90, des changements ont été apportés aux règles de l'industrie brassicole et notamment l'élimination de barrières douanières. Ce fut alors une belle occasion pour les microbrasseries québécoises de s'implanter tranquillement sur le marché de l'exportation. Très tranquillement car l'exportation représente 3% de leur production annuelle.

Les grandes brasseries industrielles ont vécu une légère baisse de leur part de leur marché, au profit des produits artisanaux. Mais elles occupent encore aujourd'hui plus de 90% du marché. D'ailleurs, il y a quelques années, l'Association des microbrasseries du Québec a déposé une plainte dénonçant les « pratiques anticoncurrentielles » des géants Labatt et Molson, enquête à laquelle le Bureau de la Concurrence a mis fin en 2003 en concluant que la preuve ne soutenait pas une telle demande au tribunal. Le rapport complet est disponible sur le site Internet du Bureau de la concurrence du Canada.

Malgré tout, les maîtres d'œuvre de notre petite industrie québécoise restent optimistes et cela laisse présager un beau futur pour nos papilles gustatives. L'industrie se met en branle depuis de nombreuses années afin de créer une tradition brassicole. Elle nous fait découvrir ces petits bijoux par le biais de festivals et de points de vente spécialisés à travers la province. La balle est donc en partie dans le camp du consommateur qui, par ses choix judicieux, permettra à notre marché local de s'épanouir en plus de profiter à l'économie et au dynamisme de sa région.

UN CONTRÔLE QUALITÉ POUR LES MICROBRASSERIES

Suite à la volonté des microbrasseries de perfectionner leur savoir et la qualité des produits offerts sur un marché en pleine croissance, l'Association des microbrasseries du Québec, en partenariat avec les Laboratoires Maska, prépare un cahier de contrôle qualité destiné à l'industrie. Formation, conseils et suivis sont au programme afin de garantir une norme de qualité constante.

UNE PÉNURIE VOUS DITES ?

L'année 2008 s'annonce ardue pour les microbrasseries et les brasseries artisanales en raison d'une pénurie mondiale de houblon. Plusieurs facteurs ont été mis en cause et notamment des récoltes décevantes l'an dernier ainsi qu'un problème de concentration du produit (il faut davantage de houblon pour obtenir la même amertume). Le houblon a souffert de sécheresses et d'intempéries. Les récoltes d'orge ont subi le même sort. Se faisant plus rares, le prix d'achat de ces matières premières grimpe et contraindra

peut-être les plus petits joueurs brassicoles à réduire leur production, voire à mettre au rancart certaines bières à forte amertume. Les grandes brasseries sont moins affectées par cette situation grâce aux contrats d'approvisionnement qui leur garantissent d'être servies en premier.

Même si une hausse des prix au détail n'est pas encore de mise, elle ne reste pas impossible. Quelques pays européens ainsi que les États-Unis ont annoncé une hausse d'environ 10 à 15% du prix de la bière. Un dossier à suivre de près.

LA FABRICATION

L'orge, le houblon, l'eau et la levure sont les quatre meilleurs amis du bièrophile. Ce sont les ingrédients principaux qui composent la bière. Parfois, on peut y trouver d'autres céréales ou certaines herbes et épices. Comme il y a des milliers de bières différentes, il y a inévitablement quelques variantes possibles dans le procédé de brassage. Presque toutes les variables sont une question de chaleur et/ou de temps. La première étape à la fabrication de la bière est de faire germer dans l'eau des céréales, pendant plusieurs jours, pour ensuite les sécher au four (plus souvent qu'autrement c'est l'orge qui est utilisée). Le mélange de céréales maltées est alors moulu, avant d'ajouter l'eau et les épices. L'amidon contenu dans les grains se transforme alors en sucre et donne naissance au moût, qui sera filtré pour éliminer les éléments solides (la drêche).

Dans une deuxième cuve, le brasseur chauffera progressivement le mélange obtenu, à une température d'environ 70 °C, et il additionnera le houblon, avant de porter l'ensemble à ébullition. Le liquide est alors refroidi très rapidement, à environ 20 °C pour une fermentation haute et 8 °C pour une fermentation basse. C'est à ce stade que la levure est ajoutée, dans un brassin fortement oxygéné qui favorisera la fermentation.

LA FERMENTATION

À l'origine, le brassin était fermenté dans des tonneaux en bois, mais aujourd'hui, les cuves de fermentation sont en métal. Dans les brasseries artisanales de Montréal, ces cuves sont souvent exposées au public, comme au Dieu du Ciel, au Saint-Bock ou chez Les 3 Brasseurs. L'aspect, la saveur, l'odeur et le goût de la bière dépendent fortement du type de fermentation. Cette étape est cruciale, car c'est une fois refroidi que le moût recevra la visite de plusieurs milliers de petites cellules de levure en quête d'environnement de reproduction. Quelques variations dans le brassage, les températures et le temps, et il est possible de produire une foule de bières différentes. Parfois, entre une bière blonde, brune ou noire, il n'y a qu'une petite portion du malt qui a subit des différences de température.

L'ENTREPOSAGE

La dernière étape avant la consommation est de transférer la bière, une fois filtrée, dans les cuves de garde. Celles-ci sont parfois les mêmes que celles utilisées pour la fermentation. Pendant plusieurs semaines, elle affinera son goût en séjournant à une température proche de zéro degré. Lors de cette ultime étape de production, la bière acquiert ses qualités digestives et subit une seconde fermentation.

LE CONDITIONNEMENT

Le conditionnement en fûts, en bouteilles ou cannettes, est appelé le soutirage. Il faut évidemment que la bière conserve les propriétés acquises lors du brassage et de la fermentation.

La mise en bouteilles ou en fûts, préalablement désinfectés, ainsi que l'emballage en boîtes métalliques doivent donc s'effectuer rapidement. Ils sont confiés, dans la majorité des cas, à un appareillage entièrement automatisé qui voit transiter plusieurs milliers de bouteilles à l'heure. La règle exige que la bière ne soit plus en contact avec l'air avant d'être

consommée. Cela explique que les fûts, après le remplissage, soient automatiquement pesés avec la plus grande précision possible. Toute différence de poids entraîne la mise à l'écart du fût concerné.

LA DISTRIBUTION

Au Québec, il y a trois réseaux de distribution complémentaires. Le producteur de bière peut donc faire son choix parmi trois réseaux aux forces et aux faiblesses différentes. Normalement, le choix est exclusif : une bière ne peut être distribuée que par un seul réseau.

Le premier réseau, qui est celui par où passe le plus grand volume de bière, est celui de la vente directe aux commerçants détenteurs d'un permis. Ce réseau est subdivisé en deux : les commerces de vente pour consommation à domicile (dépanneurs, épiceries, grande surface : CAD dans le jargon du milieu) et les commerces de consommation sur place (bars et restaurants : CSP dans le jargon). La difficulté pour une brasserie concernant ce réseau est de bien servir chacun de ces points de vente en assurant un approvisionnement adéquat et une bonne rotation des inventaires. Pour les plus petites brasseries, l'investissement nécessaire pour y être bien représenté est souvent un frein important au développement de ce réseau.

La deuxième option est de vendre ses produits par le biais de la Société des Alcools du Québec (SAQ). La SAQ fait elle-même la livraison dans ses différentes succursales partout au Québec, ce qui permet de rejoindre des zones qui ne seraient vraisemblablement pas rentables autrement. Évidemment, la promotion du produit est tout de même laissée en grande partie à la charge de la brasserie, et le produit se voit imposer un surcoût.

Finalement, et il semble que ce réseau devienne de plus en plus important, il y a la vente directement sur les lieux de production, dans les brasseries artisanales. Ces brasseries

CLASSIFICATION DES BIÈRES

Le brassage, le temps et la température sont les éléments-clés pour produire différents types de bière. On retrouve trois grandes catégories : les lagers (basse fermentation), les ales (haute fermentation) et les lambics (fermentation spontanée).

Les lagers : Elles fermentent à basse température, entre 6 et 14 °C, avec des levures qui sont actives dans le bas de la cuve et ce, pour une durée de 6 à 8 jours. Les Allemands et les Tchèques sont les maîtres de ce style. Les pils, les dortmunders, les munchers, les bocks et les double bocks sont associés à cette famille. À Montréal, l'Amère à Boire est une brasserie artisanale qui offre des lagers de grande qualité. La Belle Gueule Originale ou la Molson Export sont aussi des exemples de ce style.

Les ales : La fermentation haute dure entre 4 et 6 jours et la température du brassin doit être réglée entre 18 et 32 °C afin de permettre le développement des levures dans le haut de la cuve. C'est dans cette famille que sont classés plusieurs types de bières généralement plus savoureuses, corsées et alcoolisées : pale ale, mild ale, strong ale, stout, porter, régionale, bière de trappistes, des abbayes, et blanche. Ces trois dernières ont subi une seconde fermentation en bouteille. Griffon blonde, Bolduc, Boréale blonde, Labatt 50 sont des bières issues de ce type de fermentation.

Les lambics : Cette appellation est exclusivement réservée aux bières issues de la méthode artisanale de brassage de la vallée de la Senne en Belgique. C'est dans des cuves peu profondes que le moût est placé à l'air libre. Il reçoit alors la visite de levures indigènes provenant de la région et présents dans l'air ambiant, et sera mis en tonneaux de bois pendant plusieurs mois afin de continuer la fermentation.

miniatures brassent et vendent leurs produits dans un seul et même local. Cette façon de faire permet d'économiser sur les investissements qui seraient nécessaires pour une chaîne d'embouteillage et le stockage. Brassant des quantités nettement inférieures et bénéficiant d'une liberté de marketing absolue en comparaison avec leurs collègues des brasseries industrielles, les brasseurs-artisans se permettent de brasser une plus large gamme de produits en faisant une rotation au fil des saisons ou au gré du brasseur. Il en résulte des petits bijoux, qui deviennent parfois des bières régulières, et qui parfois restent une occasion unique. En bref, pour le bièrophile, les brasseries artisanales sont devenues la principale source de nouveautés et d'expériences.

LA DÉGUSTATION

Le bièrophile tchèque devant sa « pilsner », le moine trappiste devant son « ABT » et le gentleman anglais devant sa « porter » auront tous leur propre façon de déguster leur bière préférée. Par contre, chacune de ces dégustations prises isolément aura des résultats bien distincts. Il existe autant de façons de déguster qu'il y a de bouches pour le faire. Pour ajouter au défi, toutes les bières ne révèleront pas intégralement l'éventail de leurs charmes lorsque dégustées de la même façon ! Dans les meilleures conditions, il faut savoir comment vous êtes et qu'est-ce que vous goûtez. Pour répondre à la première condition, il vous faudra pratiquer et vous analyser. Pour la seconde, il vous faudra pratiquer et analyser la bière. Un dur travail certes, mais ô combien gratifiant ! Avec l'expérience qui s'accumule, la meilleure façon de déguster une certaine bière sera donc celle qui sera choisie en toute connaissance de cause par le bièrophile.

Si vous ne savez pas trop par où commencer, quelques règles de base sauront mieux vous orienter. Tout comme le vin, la bière requiert une température de dégustation, un verre et un service qui lui sont propres. Voici quelques petits conseils qui sauront vous faire redécouvrir la bière !

LE SERVICE

LES LAGERS : Ces bières doivent être préférablement consommées peu de temps après leur mise en marché et servies à une température de 4 à 6 °C, dans un verre de forme allongée. Assurez-vous qu'il soit impeccablement propre et rincez-le à l'eau froide avant le service. Quand vous versez la bière, inclinez le verre et le remplissez le aux 2/3. Redressez le verre et éloignez la bouteille tout en versant afin de former un col de mousse (hauteur de deux doigts).

LES ALES : Se conservant plus longtemps que les lagers, voire même des années pour certaines bières fortes et extrafortes, vous pouvez les garder jusqu'à la dégustation à condition de les maintenir à une température de 6 à 10 °C. Les servir entre 5 et 12 °C dans un verre sur pied ayant la forme d'une coupe ou d'un calice. Celui-ci doit être propre et sec. Inclinez le verre et versez jusqu'à obtention de la hauteur de col souhaitée et redressez ensuite. Pour les bières sur lie, vous pouvez toujours en laisser un peu dans la bouteille afin d'éviter les dépôts mais il est préférable de tout verser*. Servez une blanche ou une autre plus acide à très fraîche température mais une bière forte ou extraforte se dégustera à température ambiante.

LES LAMBICS : Les servir dans un verre propre et rincé de forme allongée, à une température de 5 °C pour les lambics et de 10 °C pour les krieks. Quand vous les versez, éviter le contact avec la paroi du verre pour aider à la formation du col. Leur mousse est en effet peu persistante !

« Une bière sans mousse, c'est comme un crayon sans pointe »
— Robert Dawson —

LA DÉGUSTATION

En bièrophilie, toutes les bières méritent d'être goûtées. Évidemment, les meilleures bières reviendront plus souvent dans le verre. Pour ajouter à la tâche déjà ardue du choix d'une bière, il est important de garder en mémoire que c'est parmi les meilleures bières au monde qu'il est le plus probable de trouver une bouteille ou un lot décevant.

Les brasseries artisanales sont celles qui gardent les passions vivantes chez l'amoureux de la bière. Le brasseur artisan, grâce à une production plus limitée et à son omniprésence à toutes les étapes du brassage, peut se permettre de prendre le temps pour faire les expériences nécessaires afin de produire une bière d'exception. L'œuvre pourra profiter des améliorations que le brasseur y apportera au fil des brassins, jusqu'au moment où il la trouvera parfaite. Le temps et la patience du brasseur sont souvent récompensés par la naissance d'une toute nouvelle bière de dégustation.

---

* On parle souvent avec gêne du dépôt au fond d'une bouteille de bière et on a grand tort. La lie, qui est le lit de levure au fond de la bouteille, est parfaitement saine, agréable, savoureuse et bénéfique pour la santé. C'est elle qui permet à la bière refermentée de se conserver aussi longtemps et de s'affiner après son embouteillage. C'est aussi pour nous – que Dame Nature soit bénie – un concentré de vitamines du complexe B. Des vitamines semblables à celles que l'on trouve dans le pain, le vin ou les comprimés vitaminiques que l'on prend quotidiennement. On y retrouve de la Thiamine (B1), de la Riboflavine (B2), de l'Acide Nicotinique (B3), de l'Acide Pantothénique (B5), de la Pyridoxine (B6), du Méso-inositol (B7), de l'Acide Folique (B8) et de la Cobalamine (B12). Cette lie, qui n'attend que de nous surprendre agréablement, fournit entre 2% et 50% des apports quotidiens nécessaires de chacune de ces vitamines. Certains avancent même l'idée que la lie est le meilleur remède préventif contre la gueule de bois du lendemain !

Pour ces raisons, on retrouve souvent à la sortie de ces toutes petites brasseries, des produits comptant parmi les plus grands bijoux brassicoles. Des bières qui évoluent avec l'âge, les conditions d'entreposage ou au gré des caprices du brasseur et de Dame Nature ! Quoique ces conditions ne soient point incontournables et souffrent de nombreuses exceptions, elles demeurent néanmoins de bonnes indications.

La dégustation est avant tout une expérience personnelle. Ce sont nos sens qui goûtent la bière. Elle sera donc dégustée, analysée, décryptée en fonction de ce que nos sens connaissent. Une bouche qui n'a jamais goûté de saveurs de malt ne saura les reconnaître. Une bouche qui a passé la dernière heure à goûter d'intenses saveurs de malt aura plus de difficulté à reconnaître cette saveur à dose plus réduite. Comme chacun de nos sens, le goût se forme par l'expérience et il se déforme momentanément à l'usage. En fait, il s'habitue et s'adapte à la présence d'une saveur.

C'est pourquoi il est important d'organiser les dégustations en fonction de ces règles de manière à neutraliser l'effet adaptation. Dans une dégustation avec de multiples bières, on tentera de déterminer l'ordre des bières en fonction d'une escalade de saveurs. On tentera autant que possible de briser l'effet d'accoutumance dans le but de donner le plus de chances possibles aux bières plus simples de divulguer leurs personnalités. Une bière légère précédée d'une bière forte et savoureuse aura l'air ridicule, alors que l'inverse lui donnera toutes les chances de s'exprimer.

LES YEUX : la vue nous permet de rompre la glace avec celle qui nous est présentée. Ce sont les yeux qui donneront la première impression sur une nouvelle bière. Un beau verre propre, de préférence transparent, débordant d'une belle bière surmontée de son collet de mousse attitrée fera saliver avant même que les autres sens ne puissent en avoir noté la présence.

Les yeux seront les premiers à noter si la bière qui est servie est fidèle à ce que la mémoire laissait présager d'elle.

À nos yeux, les bières n'ont pas toutes les mêmes propriétés. D'un extrême à l'autre, certaines bières sont claires comme des joyaux, limpides et chargées de gaz carbonique intense qui laissent à peine le temps de remarquer un collet alors que d'autres sont denses, obscures, appétissantes et habituellement surmontées d'un riche collet d'une mousse fine que semble vouloir s'éterniser. L'important est que chacune laisse observer les propriétés qui lui sont normalement connues.

LE NEZ : le nez de l'humain, malgré ses limites, demeure un outil indispensable. À l'état brut, il envoie des signaux d'approbation ou de désapprobation sur ce qui s'approche de la bouche afin de nourrir l'humain qu'il surplombe. Un arôme inconnu et le signal incite à la méfiance. Une odeur forte et voilà l'alerte générale… Une fois domestiqué, le nez devient le roi de notre sens gustatif. Dans le processus de la dégustation, le nez prend le relais des yeux pour le plaisir des arômes et se transforme par la suite en un inséparable coéquipier de la bouche. Un coéquipier souvent mal reconnu, même pour les fines bouches de la dégustation. Pour bien comprendre le rôle de notre appendice nasal, il suffit de s'imaginer avec un sérieux rhume ou une allergie pour comprendre que les goûts sont affadis indiscutablement lorsqu'on doit s'en priver.

Chaque bière a ses propriétés aromatiques. Certaines dégageront des saveurs de céréales, d'autres de houblons, d'autres d'épices ou de levures. Certaines dégageront, tour à tour, tous ou plusieurs de ces arômes ou d'infinies possibilités de combinaisons et/ou de variantes. L'important est de prendre le temps de savourer ces arômes. De commencer simplement en portant notre verre près de l'organe sensoriel et de découvrir le monde volatile de la bière : des arômes dominants et d'autres plus subtils.

LA BOUCHE : ah, la bouche… Dans notre bouche, une combinaison de nos sens joue avec la bière et notre cerveau. Le goût, bien évidemment, mais aussi le toucher et l'odorat. La chaleur de la bouche fait littéralement jaillir les saveurs de la bière ! Profitant de cette manne, le goût percevra les saveurs de la bière grâce aux papilles gustatives alors que simultanément, le nez en percevra les arômes dégagés. Ces deux stimuli arriveront au cerveau en même temps laissant croire à une seule et même sensation. Cette sensation est celle que l'on considère communément comme étant le goût de la bière. Par contre, en s'amusant à faire tourner sept fois la bière dans notre bouche avant de l'avaler, nous pourrons découvrir une multitude de saveurs et d'arômes jouant de caractères et de subtilité avec chaque région de notre bouche et nos cils olfactifs. Ses saveurs autrement timides se modifieront pendant le processus de réchauffement du liquide et ce, jusqu'au prolongement de l'arrière-goût, cette arrière-garde des saveurs encore présentes quelques instants après avoir avalé la bière.

Lorsqu'on est capable de s'amuser avec son corps de façon à tirer plaisir de voir, humer et savourer une bière, c'est que l'on est un honnête dégustateur. Le reste, n'étant que décoration et emballage.

L'EMBALLAGE : ici, on parle de l'emballage physique de la bière (la bouteille, les étiquettes, le bouchon, etc.). Suite aux présentations d'usage avec la bière, c'est-à-dire les premières gorgées, il est parfois intéressant de jeter un coup d'œil sur l'emballage. Souvent, celui-ci donnera de bonnes indications sur l'origine du produit, son créateur et ses valeurs. On pourra régulièrement constater que le contenant et ses apparats reflètent assez fidèlement le degré d'artisanat de la bière qu'il contient, ainsi que la personnalité du brasseur qui l'a créée.

LA DISCUSSION : les goûts se discutent mais la règle est de ne pas chercher à s'obstiner. Il est toujours agréable de discuter d'une expérience gustative avec des amis. En ne perdant pas de vue que l'expérience gustative est intuitu personae, on peut mettre en commun ses découvertes et discuter joyeusement sur les conditions idéales pour cette bière, pour l'avenir de la terre ou pour imaginer un nouveau gouvernement ultra-efficace dont la principale promesse électorale serait d'assurer une juste et intarissable distribution des meilleures bières du monde à tous les bièrophiles du pays !

En résumé, nul besoin de gourou pour s'initier à la dégustation de la bière. Il suffit d'avoir une bière avec de la personnalité, un verre propre, un moment de tranquillité, un minimum de confort, un peu d'attention sur ce qui se passe dans l'interaction humain-bière et le « Guide des Bières du Québec » du Petit Futé ! Il ne faut surtout pas désespérer de ne pas tout saisir du premier coup. La progression est l'assurance d'un plaisir sans cesse renouvelé. Il suffit de s'arrêter un instant pour constater le moment présent et de tirer avantage de tous ce qu'il nous offre.

> « On devrait d'abord chercher quelqu'un avec qui boire et manger avant de chercher quelque chose à boire et manger. »
> — Épicure —

Et pourquoi ne pas accompagner votre dégustation de bonnes victuailles ? Le gibier, les pâtés et terrines, le poisson avec sauce citronnée, les fromages et même les desserts sont, entres autres, des candidats parfaits pour un mariage réussi. N'oubliez pas ce principe : pour un bon accord mets et bières, choisissez selon les propriétés gustatives de chacun. À la bonne vôtre !

POUR EN SAVOIR PLUS

LE MONDE DE LA BIÈRE SUR LE WEB

BEERADVOCATE
www.beeradvocate.com
Fondé par deux frères passionnés de la bière, Jason et Todd Alstrom, ce site est maintenant la référence pour la communauté indépendante de bièrophiles et bièrophoux. BeerAdvocate, c'est une boutique, un magazine, des événements et festivals, un forum, des tonnes d'articles, etc.

BEERME !, THE MOST COMPLETE SOURCE OF BREWERY INFORMATION WORLDWIDE
www.beerme.com
Une référence très connue des amoureux du houblon qui répertorie plus de 20 000 bières provenant des quatre coins de la planète. La liste des brasseries et microbrasseries est bien mise à jour. Pour les avides de découvertes, visitez le « Beer Hall of Fame » !

BIÈRES ET DÉGUSTATIONS AVEC MARIO D'EER
www.mariodeer.com
Mario d'Eer, bièrophile passionné, est une référence dans le domaine. Auteur prolifique de livres et de chroniques, c'est également le cofondateur du Festibière de Chambly et le fondateur de BièreMag.

BIÈRES ET MONDE, LE WEBZINE DES FERVENTS DE LA BIÈRE
www.bieresetmonde.com
Site qui gagnerait à être mis à jour mais qui renferme une foule de

Une bière au paradis...

Un fin connaisseur anglais du monde de la bière et du whisky s'est éteint le 30 août 2007 à la suite d'une crise cardiaque. Michael Jackson, mieux connu sous le nom de « Beer Hunter », du nom de son émission fort populaire dédiée à la bière, était auteur, journaliste et critique prolifique à la réputation plus que respectable dans le milieu.

Son premier ouvrage sur la bière, « The World Guide To Beer », publié en 1977, a été traduit dans de nombreuses langues et est encore de nos jours considéré comme un des ouvrages fondamentaux sur le sujet. On doit à M. Jackson la création d'un langage propre à la description de la bière, tout comme le font les œnologues pour le vin.

Son talent et sa contribution au milieu de la bière ont été récompensés plus d'une fois. Il a été le premier non-brasseur nommé Chevalier d'honneur du Ridderschap van de Roerstok (Chevalerie du Fourquet des Brasseurs, en Belgique), titre remis pour sa contribution exceptionnelle au rayonnement du métier de brasseur en Belgique.

Selon lui, la bière est un élément de la culture et elle doit être décrite dans son contexte.

Levons tous notre chope bien haut pour saluer le départ d'un grand bièrophile de ce monde !

renseignements utiles sur la cuisine et la bière, l'histoire de la bière, la bière « culturelle », des idées de lecture, des jeux questionnaires, etc.

BIÈRES ET PLAISIRS
www.bieresetplaisirs.com
Site tout indiqué pour le côté gourmand qui sommeille en vous : la bière et les produits du terroir québécois réunis pour un mariage des plus savoureux.

BIÈREMAG, L'ENCYCLOPÉDIE DE LA BIÈRE
www.bieremag.ca
La visite du site dure un bon moment, grâce à la contribution généreuse « en bulles » de collaborateurs chevronnés mais avant tout, passionnés.

BIÈROPHOLIE, TOUS FOUS DE LA BIÈRE
www.bieropholie.com
Une mine d'informations allant des trucs de brassage maison aux nouveaux arrivages chez les détaillants. Des dégustations en ligne, une bibliothèque, un forum pour les brasseurs et une section réservée aux collectionneurs des produits dérivés sont quelques-uns des services disponibles sur leur site. Les Bièrophoux peuvent s'inscrire au service d'importations privées.

L'INSTITUT DE LA BIÈRE
www.institutdelabiere.com
L'Institut est avant tout une association qui représente les intérêts des consommateurs de bières. Des activités, conférences et sorties « gambrinales » sont proposées tout au long de l'année. Certaines activités de dégustation ainsi que le programme d'importation privée sont exclusivement réservés aux membres de l'Institut. Le formulaire d'adhésion (35 $ par année) est disponible sur le site Internet.

LA PETITE ENCYCLOPÉDIE DE LA BIÈRE SUR EBABYLONE
www.ebabylone.com/encyclopedie_Bi%E8re.html
Pour tout savoir sur la bière : histoire, fabrication, classification, statistiques de consommation, etc. Les nombreux liens permettent d'approfondir les recherches sur un mot ou un sujet en particulier.

PROJET AMERTUME, LA DÉGUSTATION DE LA BIÈRE

http ://projet.amertume.free.fr/

Il y a quelques années, le français Emmanuel Gillard s'est donné comme objectif de déguster 5000 bières dans le cadre de son projet « amertume ». Suivez-le au fil de ses découvertes en plus d'en apprendre davantage sur cet art qu'est la dégustation.

RATEBEER

www.ratebeer.com

Fondé en mai 2000 par Bill Buchanan, à la base un forum pour les amoureux de la bière, les efforts de nombreux bénévoles pour maintenir ce site et l'enrichir ont fait de RateBeer le site préféré de nombreux critiques de bières. En tant que membre de la communauté RateBeer, vous pouvez faire vos propres évaluations et partager vos découvertes avec les autres bièrophiles. Différents types d'abonnements sont offerts.

SOCIÉTÉ DES ALCOOLS DU QUÉBEC

www.saq.com

Le site de la SAQ informe sur la disponibilité de nos bières favorites en succursales et en explique beaucoup sur l'histoire, la classification, le service et la dégustation de la bière. Bonnes suggestions pour assortir mets et bières.

TOUTES LES BIÈRES...

www.touteslesbieres.fr/welcome/index.php

Tout simplement une autre bible du monde brassicole en provenance de la France : des dossiers et nouvelles du monde de la bière, un forum, des puzzles, des recettes, un lexique, etc.

EFFERVESCENCE

www.effervescence.ca

Effervescence est un magazine gourmand qui traite bien entendu de la bière, mais également de vins et spiritueux, propose des idées recettes, des suggestions de restaurants, bref, un must pour les papilles. Il est disponible en kiosque et peut être envoyé à domicile.

JOURNAL LE SOUS-VERRE, L'ACTUALITÉ DE LA BIÈRE

www.lesousverre.com

Comme son nom l'indique, c'est une des références au Québec pour l'actualité brassicole. Disponible dans de nombreux points de vente à travers la province, quelques articles sont aussi en ligne.

LES CARNETS DE MA BIÈRE

http ://mabiere.ca/

Ce « journal des trippeux », disponible uniquement en ligne, est dédié à l'industrie brassicole d'ici et d'ailleurs. De l'actualité, des entrevues, des voyages de découverte, des bonnes adresses... le tout fort intéressant et instructif, en français ou en anglais, dépendamment de la provenance de l'auteur.

ET POUR LES AMOUREUX DE LA LANGUE DE SHAKESPEARE...

ALL ABOUT BEER

www.allaboutbeer.com

All About Beer est un pilier de l'actualité brassicole chez nos voisins du Sud. Leur site regorge d'articles sur le domaine et possède même un moteur de recherche pour les brasseries artisanales et points de vente spécialisés à travers les États-Unis. Des frais supplémentaires sont exigés lors de l'abonnement pour les frais d'envoi au Canada.

ABITIBI

SALON DES VINS, BIÈRES ET SPIRITUEUX

Centre d'études supérieures Lucien-Cliche,
Val-d'Or
819-874-3837, poste 247
www.salondesvinsat.com
Les 18 et 19 octobre 2008
Un salon où plaisir des sens est
synonyme de découverte et de
curiosité ! Une quarantaine d'exposants,
des ateliers et conférences, des « 5 à 7 »
dégustation. L'événement « La Grande
Dégustation » tente chaque année
de surprendre ses participants par le
choix de ses invités experts pour qui la
passion du vin est un mode de vie. Ne
manquez pas également « La Bièrerie »
où vous pourrez déguster des bières
de microbrasseries et d'importation,
le tout accompagné de délices du
terroir québécois.

LANAUDIÈRE

LES FÊTES GOURMANDES DE LANAUDIÈRE

Parc Aimé-Piette,
Saint-Jacques-de-Montcalm
450-582-5739
www.fetesgourmandes.ca
Du 21 au 24 août 2008
Un événement savoureux mettant en
vedette la richesse de la gastronomie
régionale et le savoir-faire culinaire
lanaudois. Une quarantaine d'exposants
vous font découvrir toutes les saveurs
de la région : produits maraîchers,
fromages, produits fumés, viande de
bison, cidres, hydromels, chocolats,
bières artisanales. Au programme : dé-
monstrations culinaires avec des chefs
lanaudois, dégustations et repas gastro-
nomiques, ateliers, animation musicale.
Des forfaits agro-touristiques d'une
journée sont proposés sur réservation.
Ils vous emmèneront à la campagne à
la découverte des producteurs et des
bonnes tables. Notez que ces forfaits
ont également cours en dehors des
dates du festival. L'admission sur le site
est de 5 $ la journée ou de 10 $ pour le
forfait week-end.

Événements

L'OKTOBERFEST DES QUÉBÉCOIS

Parc de l'Étang-du-Grand-Côteau, Mascouche
514-963-5393
www.oktoberfestdesquebecois.com
Du 5 au 7 septembre 2008

En septembre 2008 se déroule la 3e édition de ce festival des microbrasseries québécoises et des produits agroalimentaires du terroir de la région de Lanaudière. L'ambiance festive, digne de ce type de réjouissances en Bavière, permet à cet événement bièrophile de se démarquer, avec au menu musique et danse bavaroises. Le jeudi précédant l'événement se tient un souper gastronomique accompagné de bières québécoises.

Question d'immortaliser l'événement, on a vu naître L'Oktoberfest, une rousse brassée par Les Trois Mousquetaires, qui fait figure de bière officielle du festival depuis ses débuts. Plus de 22000 personnes ont foulé le site du festival lors de la 2e édition… gageons qu'il n'y en aura pas moins cette année !

MONTÉRÉGIE

LA FÊTE BIÈRES ET SAVEURS

Lieu historique du Fort-Chambly, Chambly
450-447-2096
www.bieresetsaveurs.com
Du 29 août au 1er septembre 2008

La Fête Bières et Saveurs convie chaque année les bièrophiles, du simple amateur au plus aguerri, à une grande fête aux airs de marché du terroir à l'époque de la Nouvelle-France. Pendant quatre jours, les amateurs de saveurs sont conviés à déguster des produits brassicoles québécois et importés, en plus d'être invités à découvrir de nouveaux menus associés à la bière. Plus de 120 kiosques de produits de dégustation, animations, spectacles, grandes terrasses pour relaxer entre amis, tout y est pour une expérience mémorable dans le cadre enchanteur de la Vallée du Richelieu. L'événement a gagné le prix régional des événements touristiques des

Grands Prix du Tourisme Québécois pendant trois ans.

MONTRÉAL

FLAVEURS, BIÈRES ET CAPRICES

Le Windsor, 1170, Peel, Montréal
514-722-9640
www.flaveursbieresetcaprices.com
Les 14 et 15 novembre 2008

Le dernier-né des péchés mignons pour tous les épicuriens de ce monde ! Ce nouvel événement se veut le volet gastronomique du Mondial de la Bière. Les possibilités d'assortiment mets et bières plairont à tous ceux en quête de nouvelles découvertes gustatives.
Le mot flaveur est tiré du vieux français. Remis à la mode par les dégustateurs depuis quelques années, le terme définit l'ensemble des sensations olfactives, gustatives et tactiles lors de la dégustation d'un produit. Il prend tout son sens ici !

Contrairement au Mondial de la bière, on doit se procurer un billet pour une des sessions offertes (passeports 3 jours également disponibles). Ce billet inclut l'accès à toutes les dégustations et bouchées, un verre et un guide du dégustateur, l'accès aux conférences et spectacles, un programme de dégustation et le vestiaire. S'ensuit alors le point culminant : la découverte gourmande ! Une centaine de bières d'ici et d'ailleurs accompagnées de produits fins et gourmets les mettant en valeur, le tout dans une ambiance sophistiquée où règne une grande convivialité entre les brasseurs et les amateurs.

LE MONDIAL DE LA BIÈRE

Gare et Cour Windsor,
1160, de la Gauchetière O, Montréal
514-722-9640
www.festivalmondialbiere.qc.ca
Du 3 au 7 juin 2009

Amateurs de bières, inscrivez ces dates dans votre agenda à l'aide d'un stylo indélébile, et rangez le tout précieusement sous clé. C'est l'événement bièrophile de l'année à

l'Oktoberfest des Québécois
5, 6 et 7 Septembre 2008, Mascouche

crédit Clément Montel

Venez savourer entre amis les traditions allemandes au coeur de Lanaudière!!

www.oktoberfestdesquebecois.com

l'Oktoberfest des Québécois

ne pas manquer ! Comment résister à l'appel de plus de 350 bières différentes, de cidres, d'hydromels, le tout agrémenté de délices du terroir québécois. Novice en la matière ou bièrophile accompli, les kiosques et événements de dégustation, les ateliers, les conférences et les débats sauront satisfaire les plus exigeants. Coup de cœur : le décor et l'atmosphère de la Cour Windsor en soirée !

VERMONT

VERMONT BREWERS FESTIVAL

Waterfront Park, Burlington, Vermont, États-Unis
802-244-6828
(Vermont Brewers Association)
www.vermontbrewers.com/festival.html
Les 18 et 19 juillet 2008
La tradition brassicole est bien vivante chez nos voisins du Sud, notamment dans l'État du Vermont, en Nouvelle-Angleterre. La réputation de cet événement n'est plus à faire. Le site est enchanteur : en plein air (beau temps, mauvais temps !) avec comme toile de fond, le Lac Champlain surplombé des monts Adirondacks.

Pendant deux jours, une trentaine de microbrasseries et brasseries artisanales américaines font découvrir aux visiteurs leurs recettes brassées avec amour et patience. La région de la Nouvelle-Angleterre est d'ailleurs fort réputée pour la qualité et la diversité de ses bières. Marché du terroir, ateliers et conférences, séances de dégustation, animation musicale, tout y est pour une expérience tout à fait champêtre.

Du 29 août au 1er septembre 2008

7e édition

Une présentation de

La Fête Bières & Saveurs

À la découverte du goût!

Bière, Festin, et **Plaisir !**

www.bieresetsaveurs.com   (450) 447-2096

CHAMBLY

Un événement organisé par :

Bassin en Fête

LA BIÈRE DE A À Z

A

AVRIL 1435

Sans s'étaler sur l'étymologie du mot bière, cette dernière étant incertaine et complexe, sa première apparition daterait de 1429 et serait une dérive du latin bibere qui signifie boire. Selon plusieurs écrits, il serait ensuite apparu dans un traité officiel datant du 1er avril 1435, afin de remplacer le mot cervoise jusqu'ici employé pour désigner une bière faite d'orge et autres céréales. L'introduction du houblon dans la fabrication de la bière remonte à cette même époque et devient alors sa principale caractéristique : amère, aromatique.

B

BISSEBARUSSA

Vers 3500 avant J.C., les citoyens de Babylone fabriquaient une bière issue des moissons, nommée « Bissebarussa ». Celle-ci servait bien sûr à se désaltérer en plus de constituer une offrande aux dieux (dont Anu et Marduk, protecteurs des brasseurs) et un salaire pour les travailleurs.

C

CERVESIA (CERVOISE)

Cervesia vient du terme « Ceresis vitis » signifiant « Vigne de Cérès ». On raconte qu'à l'époque des Gaulois, Cérès, déesse des moissons et des céréales, aurait découvert la bière. Dans son infinie bonté ou plutôt grâce à son bon goût, elle aurait partagé les secrets de sa fabrication avec les peuples dont les terres ne se prêtaient guère à la culture du raisin. Par surcroît, l'eau potable devenant une denrée de plus en plus rare, la cervoise devint la boisson désaltérante par excellence… d'où peut-être cette réputation qualifiant les Gaulois de grands buveurs !

D

DAS DEUTSCHE REINHEITSGEBOT

Encore suivi à la lettre par de nombreux brasseurs allemands qui le perçoivent comme un gage de qualité, le décret sur la pureté de la bière édicté en 1516 par Guillaume IV, duc de Bavière, dictait les normes à respecter lors de la fabrication et de la commercialisation de la bière. À cette époque, le malt d'orge, le houblon et l'eau étaient les seuls ingrédients autorisés. Dorénavant, les règles se sont assouplies et de nouveaux arômes et saveurs ont fait leur entrée sur le marché du brassage de la bière.

E

ELLE… AU FÉMININ

Messieurs, lisez bien ce qui suit… Sans remettre en question le plus vieux « métier du monde au féminin », celui de brasseure fut sans contredit un des tous premiers. Tout au long de l'histoire, la femme a joué un rôle prépondérant dans le brassage de la bière. Ce n'est vraiment qu'au Moyen-âge que les hommes ont pris part à cette activité brassicole avec le début de la production de bières en abbaye. Pensons à sœur Hildegarde de l'abbaye de Prune en Allemagne qui a découvert l'importance du houblon dans le brassage ; aux différentes déesses associées à la bière telles que Cérès et Ninkasi ; aux brasseures anglaises qui seraient à l'origine des « Ales Houses », ancêtres des pubs ; aux Marie Rollet et Laura Urtnowski du monde brassicole québécois (voir à la lettre U). Santé et que la tradition perdure !

F

FOURQUET

Autrefois, dans la fabrication de bière, les ingrédients étaient brassés manuellement avec un fourquet. Aujourd'hui, c'est un dispositif d'agitation automatique qui mélange précautionneusement l'eau et le grain dans les cuves. Le fourquet demeure toutefois le symbole du brasseur.

G

GAMBRINUS

Gambrinus, roi des buveurs et protecteur des brasseurs en Flandres, en Belgique. La légende de Gambrinus baigne dans le mystère. L'hypothèse la plus souvent retenue est qu'il s'agirait de Jean 1er, duc de Brabant au Moyen-âge, ou Jean Primus pour les intimes. Déformé par l'analphabétisme quasi-total de la population et/ou par la transmission d'une tradition orale maintenue par des édentés, on suppose que « Jean Primus » serait devenu « Gambrinus ». On croit que Jean Primus, lors d'une victoire militaire contre des bandits qui pillaient son territoire, aurait donné une grande fête où il aurait tenu un discours debout sur un grand baril de bière. C'est pourquoi on le représente habituellement comme un bon roi bien en chair, tenant une chope débordante d'une belle mousse, juché plus ou moins élégamment sur un tonneau de bière. Gambrinus est aussi le nom d'une excellente brasserie artisanale à Trois-Rivières.

H

HOUBLON

Le houblon est une plante grimpante avec des pieds mâles et des pieds femelles, ces derniers étant utilisés dans le brassage de la bière. Il existe une grande variété de houblons et la bière

est pratiquement le seul breuvage qui contient cette plante appartenant à la famille du chanvre. Le houblon n'est pas indispensable à sa fabrication mais, depuis le 18ᵉ siècle, la majorité des bières en comporte.

I

IPA

IPA est l'expression utilisée pour désigner une bière de type Indian Pale Ale. Ce style a été mis au point en Angleterre afin de conserver la bière lors des longs transports en bateau vers les colonies britanniques comme l'Inde. C'est la grande quantité de houblon qui permettait de préserver la bière sur une longue période. Aujourd'hui, les IPA sont encore reconnues pour leur goût très houblonné, particulièrement les IPA américaines.

J

JAMES

Plusieurs symboles nous viennent en tête en pensant à l'Irlande : le trèfle à trois feuilles, la harpe, les moutons, les farfadets, le whiskey mais surtout, la bière Guinness. Son histoire débute en 1759 lorsqu'Arthur Guinness, maître-brasseur originaire du comté de Kildare, loue une brasserie désaffectée à St. James's Gate à Dublin. Petite anecdote : les clauses du bail exigeaient une somme initiale de 100£ plus un loyer annuel de 45£, le tout signé pour une période de 9000 ans ! Près de 250 ans plus tard, la Brasserie Guinness occupe toujours le site de 64 acres du St. James's Gate, à l'origine une des portes de l'ancienne ville de Dublin nommée en l'honneur de l'église et de la paroisse de St. James.

K

KRIEK

La Kriek (cerise en bruxellois) est une bière belge de la famille des lambics préparée à base de cerises fraîches. Les cerises sont macérées en fût de chêne pendant plusieurs semaines, ce qui donne à la bière sa couleur rouge. Les bières de framboises ou de cassis sont souvent réalisées avec la même méthode, bien que les brasseurs aient de plus en plus recours à des essences naturelles, comme le jus de groseille, ou à des arômes de synthèses.

L

LOUIS PASTEUR

Louis Pasteur est celui qui a scientifiquement démontré pourquoi et comment la bière fermentait, ce qui l'a ensuite éclairé sur la façon dont on pouvait contrôler cette fermentation. Il a inventé la pasteurisation, opération permettant de contrôler l'évolution de la bière en tuant systématiquement la levure encore présente et en éliminant toutes traces de bactéries, l'ennemi #1 des brasseurs, assurant du coup une fixation des saveurs pour une certaine période. Grâce à ce procédé, les brasseurs peuvent maintenant éviter les brassins infectés. La pasteurisation et l'arrivée de l'industrialisation ont écrit un nouveau chapitre de l'histoire de la bière. Cela a notamment permis de brasser en plus grande quantité des bières plus stables mais surtout exportables. Naquirent alors les premières bières commerciales !

M

MÄRZENBIER

Bière d'origine bavaroise à basse fermentation, très populaire lors du fameux Oktoberfest de Munich. Pendant longtemps, la bière n'était brassée qu'en mars et ce pour deux raisons. D'abord, des températures sous les 10 °C étaient requises pour permettre la basse fermentation. En plus, l'édit bavarois de 1539 interdisait le brassage de la bière entre le 23 avril et le 29 septembre de chaque année en raison des risques d'incendies. Que faire ? Produire en grande quantité une bière houblonnée, forte en alcool et ayant d'excellentes propriétés de conservation. Ce serait, semble-t-il, l'une des raisons qui expliquerait la tenue de l'Oktoberfest en septembre.

N

NINKASI

Ninkasi, qui signifie « dame de la bière » en langue sumérienne, est le nom de la première divinité associée à la bière. Il y a environ 6000 ans, le peuple sumérien de Basse Mésopotamie brassait de la bière en l'honneur de cette déesse.

O

OKTOBERFEST

Parmi les fêtes dédiées à la bière, l'Oktoberfest est la plus importante. Ce culte a lieu à Munich, en Allemagne, chaque année, de la fin du mois de septembre jusqu'au début d'octobre. Avec six millions de visiteurs, l'Oktoberfest est la plus grande fête populaire du monde.

P

PROVERBE TCHÈQUE

« Il est possible de juger la qualité d'une bière avec une seule gorgée, mais il est préférable de vérifier rigoureusement. » Les tchèques sont les leaders incontestables de la consommation de bière par tête d'habitant. Inventeurs de la pils en 1842, les citoyens de la République Tchèque consomment en moyenne 160 litres par année. Quant aux Canadiens, ils sont classés au 19e rang, avec 70 litres par année.

Les différents types de brasseries

Les termes brasserie, microbrasserie et brasserie artisanale (aussi appelée « broue-pub », un dérivé de l'expression anglaise « brew pub ») portent encore à confusion. Ce qui les différencie tient principalement aux facteurs suivants : les types d'installation, le volume de production, la variété des produits brassés, le réseau de distribution et les coûts.

BRASSERIES : Elles brassent un très grand volume de bières annuellement et l'ensemble de leur production est destiné au marché local ainsi qu'à l'exportation. Certaines bières étrangères sont brassées et distribuées localement par les brasseries. Elles se concentrent sur quelques recettes même si aujourd'hui elles tendent à se diversifier.

MICROBRASSERIES : Leur volume annuel de production est inférieur à celui des brasseries mais elles offrent davantage de bières de spécialité. Certaines exportent mais à moins grande échelle, dû aux coûts élevés de distribution. Elles possèdent parfois un salon de dégustation permettant aux bièrophiles de découvrir les produits à l'endroit même où ils sont brassés.

BRASSERIES ARTISANALE : Contrairement aux deux premiers, les « broue-pubs » ne possèdent pas de permis pour embouteiller et distribuer leurs produits. Les bières sont donc produites en beaucoup plus petite quantité et vendues uniquement pour consommation sur place. Le brasseur artisanal se permet également une plus grande rotation des produits selon les saisons… ou son humeur.

QUELQUE CHOSE

La Quelque Chose, bière brassée par Unibroue, est unique en son genre. Ce lambic aux fruits est la seule bière sur le marché québécois que l'on doit bouillir avant de boire. Unibroue a voulu créer une bière d'hiver et la meilleure technique pour la consommer consiste à chauffer la bouteille débouchée à 70 °C dans un bain-marie. En bouche, la Quelque Chose offre une explosion de saveurs, tout en cerise avec des notes épicées. Elle n'est disponible que dans certaines succursales de la SAQ.

REKORD

Pour produire cette ale ambrée, la microbrasserie zurichoise Türbinenbräu se sert de malt de type « Munich » qui lui confère des arômes riches et sucrés. En plus des trois produits réguliers,

chaque saison a droit à une bière spécialement brassée et, à l'automne, la légendaire « Münchner Bier » est disponible pour le plus grand plaisir des amateurs. Seul petit hic, impossible d'y goûter sans un séjour dans la capitale économique de la Suisse !

SAINT-ARNOULD

C'est le saint patron des brasseurs. Plusieurs légendes circulent à son sujet, dont voici la plus courante :
« Arnould, bénédictin flamand du XIème siècle, fut évêque de Soissons, puis abbé à l'Abbatiale d'Oudenburg, où il repose aujourd'hui. Il encouragea ses fidèles à abandonner l'eau, souvent impropre à la consommation, et à la remplacer par la bière, encore assez méconnue de la population de l'époque. Arnould avait constaté que les buveurs de bières étaient en meilleure santé que les autres. Pour donner plus de consistance à ses paroles, il touilla

l'étiquette au sous-verre, sans oublier les affiches, miroirs et ouvre-bouteilles, on recherche avant tout la marque de commerce, les items éphémères ou non, l'inusité et le rarissime. Pour le bièrophile se contentant uniquement de collectionner les sous-verres, on lui diagnostiquera le syndrome de cervalobelophilie !

U

URTNOWSKY

Digne descendante de Marie Rollet, première brasseure en Nouvelle-France et « fondatrice » de la Route des Bières et Saveurs du Québec, Laura Urtnowsky est la mère des Brasseurs du Nord (Boréale), qui se classe parmi les microbrasseries préférées des Québécois. À l'époque où elle étudiait les sciences humaines à l'UQAM, Laura, son petit ami (aujourd'hui son mari) Bernard Morin et son frère Jean brassaient de la bière par souci d'économie. Aujourd'hui, les Brasseurs du Nord vendent annuellement 70 000 hectolitres, soit l'équivalent de 850 000 caisses de 24 bouteilles, ce qui représente un peu plus de 1% du marché de la bière au Québec.

V

VERRE

On pourrait presque affirmer que chaque bière nécessite son type de verre, même si la plupart du temps, les verres ne sont que des adaptations des quatre formes les plus courantes : coupe, tulipe, flûte et verre droit. Le verre le mieux adapté à la plupart des bières est un verre fort, aux parois épaisses et translucides qui se terminent franchement. Vient ensuite le service de la bière qui prend de plus en plus de formes originales dans nombreux bars et pubs, notamment en Europe. Le « mètre », comme ceux qu'on retrouve aux 3 Brasseurs, est un présentoir, généralement en bois,

le brassin à l'aide de sa croix, en lieu et place du traditionnel fourquet. En hommage à ce geste, les brasseurs lui élevèrent une chapelle aux armes de la corporation. »

T

TÉGESTOPHILIE

Généralement attribuée aux bièrophiles, cette manie consiste à collectionner absolument tout ce qui se rapporte au fabuleux monde de la bière. De la bouteille au verre, de

Abièrecedaire

percé de 12 trous pour y placer les verres. La « girafe » ou « colonne » est un long cylindre transparent, d'une capacité variant entre 2,5 et 10 litres, monté sur présentoir avec un robinet pour le service. Leur avantage : le tube réfrigérant intégré permettant de garder notre boisson préférée au froid. Certains brasseurs offrent même à emporter des barils de fûts de 5 litres à usage unique !

W

WINSTON CHURCHILL

Bièrophile dans l'âme et amateur d'alcools forts, les répliques cinglantes de l'ancien premier ministre anglais Winston Churchill ont marqué l'histoire. En voici quelques unes : « Souvenez-vous que j'ai profité beaucoup plus de la bière que la bière a profité de moi. » ; « Sire, si vous étiez mon mari, j'empoisonnerais votre boisson. » ; « Madame, si vous étiez ma femme, je la boirais. » (Churchill, en réponse à Lady Astor).

X

X.O.

Quand l'orge et le houblon du Nord de l'Europe rencontrèrent le Cognac X.O. provenant des vignobles du Sud de la France, ce fut la fusion des saveurs. L'orge et le houblon, judicieusement choisis, et brassés selon la méthode traditionnelle ; un cognac distillé dans des alambics en cuivre puis vieilli dix ans en tonneau de chêne dans des celliers situés sur les rives de la Charente, dans la ville de Cognac, en France. Pour ceux qui se laissent tenter par l'expérience, servez le tout de préférence dans un verre ballon à une température d'environ 7ºC, ce qui permettra aux arômes de se développer pleinement.

Y

« Y PARAÎT QUE... »

Qu'elle soit véridique ou non, on ne pouvait guère passer cette anecdote sous silence, question de rigoler un brin. Suite à l'édiction en 1516, par Guillaume IV de Bavière, du décret sur la pureté de la bière, sa qualité était contrôlée par les PirBeschauer (observateurs de bière). L'exercice consistait à verser la bière sur des bancs de bois afin de vérifier sa qualité. Les PirBeschauer, portant des culottes de cuir, s'asseyaient alors sur la flaque pour un temps prédéterminé. Si la culotte restait collée au banc, la bière était couronnée de succès. Le cas échéant, elle était soit jetée soit vendue à prix dérisoire. Dans le pire des cas, certains brasseurs se sont même vus contraints de boire eux-mêmes leur infâme breuvage.

Z

ZYTHUM

(vient du grec « zuthos » signifiant bière)
Les habitants de l'Égypte ancienne raffolaient d'une boisson préparée à partir d'orge germée et fermentée… avec un goût se rapprochant étrangement de la bière. Spécialité de Péluse, ville égyptienne en bordure de la Palestine, on la surnomme également « vin d'orge » ou « boisson pélusienne ». Petit fait anodin : zythum est le dernier mot du dictionnaire des noms communs. Comme quoi tout se termine toujours par une bonne bière !

Montréal

TOURISME MONTRÉAL

1001, Square-Dorchester, Montréal
514-873-2015 / 1-800-266-5687
www.tourisme-montreal.org

BRASSERIES ET MICRO-BRASSERIES

BIÈROPHOLIE

ReneHuard@bieropholie.com
www.bieropholie.com

Plusieurs connaissent Bièropholie pour son site Internet regroupant les amateurs de houblon : un forum, des dégustations en ligne, une bibliothèque, une section pour les collectionneurs… et une section d'importations privées. René Huard, qui avait mis sur pied Broue.com en 1996 avec Marc Bélanger de MaBrasserie. com, a créé cette référence du monde brassicole sur le web avec l'aide de Michel Cusson vers la fin des années 90.

René brasse de la bière depuis 1983 et son parcours est impressionnant, tant au niveau de l'expérience que des mentions honorables et médailles décernées. De dégustateur à auteur, de conférencier à brasseur et chef de production, les bières Bièropholie font partie du paysage brassicole québécois depuis quelques années maintenant : l'Imperial Stout (ai-je besoin d'expliquer…), la Calumet (une double porter fumé), la Golding Indian Ale (amère à souhait !)…

Au fil des ans, les bières ont été brassées dans différentes microbrasseries de la région montréalaise mais ce sera bientôt chose du passé comme Bièropholie sera autonome, espérons-le, au printemps 2008. L'expérience acquise et les relations établies au fil des ans dans le domaine brassicole de René laissent présager l'ouverture d'une microbrasserie dynamique et très prometteuse !

« Bièropholie » selon René Huard : Nom moderne donné à la passion un peu folle de la bière de spécialité. Du français bière qui rappelle que l'objet visé est la bière et du mot grec philos signifiant "ami". Ce dernier est légèrement déformé par l'ajout d'une saine dose de folie afin de le transformer en « pholie ».

BRASSERIE BIERBRIER

370, Guy, G9, Montréal
514-933-7576
www.bierbrier.com
Visite de la brasserie sur rendez-vous seulement.

S'il est vrai que certaines personnes ont une vocation et un destin tracés à l'avance, Charles Bierbrier fait décidément partie de ces gens. En allemand, Bierbrier signifie « brasseur de bière ». Voulant perpétuer le rite ancestral, Charles Bierbrier a commencé à fabriquer de la bière à l'âge de 18 ans et, depuis octobre 2005, il possède sa propre brasserie au centre-ville de Montréal. Cette dernière produit actuellement une seule bière, la Bierbrier, qu'on retrouve sur le menu de plusieurs bars et restaurants mais aussi en épiceries et dépanneurs. Pour vos soirées ou événements, vous pouvez commander des fûts de 50 litres.

BIERBRIER PREMIUM,
ALE BLONDE, 5%

D'un beau jaune doré aux reflets orangés, cette ale est brassée à base de malt et de houblon de grande qualité, sans aucun agent de conservation ni additif. Les arômes de la Bierbrier, une blonde de tradition allemande, rappelle un parfum sucré aux notes épicées. Une longue finale bien dosée en amertume qui donne une bière moelleuse bien rafraîchissante !

BRASSERIE LABATT QUÉBEC

50, Labatt, Ville LaSalle
514-366-5050 / 1-800-268-2337
www.labatt.ca
Visite de la brasserie sur rendez-vous seulement.

Avant de s'implanter au Québec, la brasserie Labatt a ouvert ses portes

MARC BÉLANGER, BRASSEUR D'IDÉES !

Marc Bélanger brasse de la bière depuis maintenant 20 ans. Bièrophile jusqu'au bout des ongles, sa « soif » de la découverte l'amène à visiter une quarantaine de brasseries en Europe, aux États-Unis et au Canada. Il perfectionne ensuite ses techniques au Laboratoire Maska et ouvre en 2004 MaBrasserie.com, étiquette sous laquelle il développera quelques bières dont la Blanche de Soleil, la Saison de Blé, et la Fleur du Diable, une bière forte sur lie à 6%, grande primeur à la Fête Bières et Saveurs de Chambly en 2005. Il installe ses « quartiers généraux » pendant six mois à la microbrasserie montréalaise Le Chaudron où il effectue une dizaine de brassins.

En 2007, c'est son rêve qu'il réalise : celui d'avoir sa propre brasserie artisanale, le Pub Brouhaha, situé au 2001 boul. Rosemont. Marc mise sur quatre éléments clés : de la bière biologique d'inspiration belge brassée sur place, des bières artisanales du terroir québécois, une sélection unique des meilleures bières d'importation privée et de bières vieillies, et un environnement de pub à l'européenne avec animation et spectacles. Au menu cette année : la Blanche de Soleil (blanche épicée), la Saison de Blé (saison rousse), la Fleur du Diable (pale ale belge), l'Arbre d'Or (double à l'érable), la Trippel, et l'ABT (ou Quadrupel).

Pour en savoir plus, visitez MaBrasserie.com, le journal d'un artisan brasseur.

À ta santé Marc !

à London en Ontario. Depuis sa fondation, elle a dû être reconstruite trois fois suite à des incendies qui l'ont à chaque fois complètement détruite. À partir de 1916 et pendant 11 ans, elle a dû cesser sa production à cause de la prohibition imposée par le gouvernement ontarien. En juin 1956, Labatt ouvra une usine ultramoderne à LaSalle au Québec, question de jouer dans les plates-bandes de sa grande rivale d'alors, Molson.

Il y a quelques années maintenant, la brasserie Labatt passa aux mains du géant belge de l'industrie de la bière, Interbrew. Interbrew est aussi producteur des Stella Artois, Leffe et Hoegaarden. Malgré des archives qui nous laissent croire que Labatt a un jour brassé des bières à caractères divers (Super Bock, Velvet Cream Porter, Velvet Cream Stout, Indian Pale Ale, Old Scotia Ale…), aujourd'hui l'essentiel de sa production est dédié à la production de bières légères, rafraîchissantes, avec des caractéristiques gustatives tenues en laisse.

JOHN LABATT CLASSIC, LAGER BLONDE, 5%

Cette lager tout-malt est fabriquée à partir d'un mélange typique de houblons nord-américains qui lui donne des saveurs maltées légèrement sucrées. Fidèle aux autres bières de la famille Labatt, elle est légère et rafraîchissante.

LABATT BLEUE, LAGER BLONDE, 5%

D'un aspect appétissant, la Bleue se boit sans aucun effort. Son effervescence semble se domestiquer lorsque la bière est en bouche. Petite anecdote : en lançant la Bleue, les experts en marketing de Labatt souhaitaient mettre en marché une petite Pilsner qui ciblerait la clientèle féminine et qui concurrencerait les produits américains au début des années 80. Mais, celle-ci est rapidement devenue le principal produit d'une des plus grosses brasseries au monde.

BRASSERIE MCAUSLAN

5080, Saint-Ambroise, Montréal
514-939-3060
www.mcauslan.com
Visite de la brasserie sur rendez-vous seulement.

La brasserie McAuslan est le bébé de son fondateur Peter McAuslan, président et directeur général, et d'Ellen Bounsall, maître brasseure. Fondée en 1988, la première bière est lancée sur le marché dès l'hiver suivant. La Saint-Ambroise Pale Ale est depuis une référence en matière de style. Elle sera aussi la première bière de microbrasserie québécoise à être vendue en bouteille.

En 1991, c'est avec joie que l'on déguste la première Saint-Ambroise noire à l'avoine. L'année suivante, on découvre la famille Griffon : l'extra-blonde et la rousse. En 1996, grâce à la brasserie McAuslan, la Frontenac revient sur les tablettes après presqu'un siècle de disparition. Par la suite, pour le plus grand plaisir des amateurs de bonnes bières, 1997 marque l'arrivée sur le marché de ses quatre bières saisonnières. Plusieurs autres délices sont apparus depuis et l'année 2006 n'aura pas fait exception. Afin de célébrer les 60 ans de Peter McAuslan, l'Ale Millésimée 2006 fut brassée dans la plus pure tradition des bières fortes, une bière de couleur orangée à saveur de fruits caramélisés. Forte des talents et des connaissances d'Ellen Bounsall, biologiste de formation et maître brasseure, la brasserie a rapidement gagné le respect des bièrophiles du monde entier. Les plus grands critiques considèrent les bières McAuslan parmi les meilleures de leur genre.

Il y a quelques années, la brasserie McAuslan concluait une entente avec le géant canadien Moosehead pour un échange de services pancanadien dans le brassage et la distribution, sans compter ses ententes avec les Vergers du Minot, Carlsberg, Tuborg et Riva. Des dégustations guidées font le bonheur des groupes moyennant un coût de 10 $ par personne. Et pendant que vous y êtes, procurez-vous leurs moutardes à la bière ou leurs fromages

Raclette Griffon et Clos Saint-Ambroise. L'été, la terrasse Saint-Ambroise, qui donne sur les rives du canal de Lachine, est l'endroit tout désigné pour déguster les produits de la brasserie (voir section « bars spécialisés et pubs » de cette région).

GRIFFON EXTRA BLONDE, ALE BLONDE, 5 %

Une bière très limpide d'un blond doré. Au nez, on semble reconnaître un soupçon de miel et quelques houblons aromatiques. En bouche, une présentation sucrée, des saveurs de malt et quelques saveurs perdues de friandise. Son amertume bien balancée se présente comme un bouquet... pas très intense, mais persistant.

SAINT-AMBROISE À L'ABRICOT, ALE AUX FRUITS, 5 %

Une belle bière blonde invitante, dorée et très limpide. Sa mousse parfaite tient bien la route du début à la fin de la dégustation. Au nez, c'est un marcato très agréable d'arômes d'abricot. C'est puissant et délicat à la fois. En bouche, le goût d'abricot est nettement plus subtil. C'est une bière légère goûtant le malt à peine sucré où l'abricot vient compléter les propriétés désaltérantes.

BRASSERIE MOLSON CANADA

1555, Notre-Dame E, Montréal
514-521-1786
www.molson.com
Visite de la brasserie sur rendez-vous seulement.

La nouvelle brasserie Molson Coors Brewing Company, issue de la fusion des deux géants, est le cinquième brasseur mondial, avec un volume combiné de plus de 48 millions d'hectolitres.

Fondée en 1786, elle est la plus vieille brasserie toujours en opération en Amérique du Nord. Elle est toujours au même endroit depuis sa fondation. Évidemment, la brasserie Molson n'a plus besoin de présentation, elle est omniprésente dans la vie de tous les Québécois. Ce que nous savons moins est que depuis des dizaines d'années,

Molson jouit d'une réputation de producteur de bières de grande qualité chez nos voisins du Sud.

CANADIAN, LAGER BLONDE, 5 %

Que dire d'autre de cette blonde sinon qu'elle est légère et rafraîchissante ! Des arômes floraux s'en dégagent et en bouche, elle est plus sucrée qu'amère et disparaît rapidement. Disons que c'est plutôt une bière grand public.

EXPORT, ALE BLONDE, 5 %

C'est clairement l'ale la plus vendue au pays et son histoire remonte à 1903. D'une belle couleur dorée, elle dégage un doux arôme de malt, quelque peu sucré. C'et ce qu'on retrouve en bouche avec une finale légèrement houblonnée.

LES BRASSEURS RJ

5585, de la Roche, Montréal
514-274-4941
www.brasseursrj.com
Visite de la brasserie sur rendez-vous seulement.

Les Brasseurs RJ est l'entité créée de la fusion de trois microbrasseries québécoises. En 1998, Roger Jaar achetait tour à tour les Brasseurs GMT de Montréal, Les Brasseurs de l'Anse du Saguenay et la brasserie du Cheval Blanc de Montréal. En réunissant les trois brasseries sous un même toit, Les Brasseurs RJ devenaient un concept unique au Québec, avec la possibilité de produire des bières des trois grandes influences brassicoles : Lagers, Ales de type anglais et Ales de type belge. La brasserie est située en plein cœur du Plateau Mont-Royal et s'étale dorénavant sur une superficie de 70 000 pieds carrés (ou 21 336 mètres carrés). Les activités de la brasserie sont surtout situées dans les milieux urbains du Québec, mais elle exporte aussi en France et distribue trois bières européennes : Bitburger d'Allemagne, Boris de France et Charles Wells d'Angleterre. Les Brasseurs RJ disposent d'une superbe salle de réception (bar privé) avec vue sur la brasserie. Ils mettent à votre disponibilité pour la

tenue d'événements, de vernissages ou de célébrations privées.

BLANCHE DU CHEVAL BLANC, BLANCHE, 5 %

La Blanche du Cheval est une bière pâle aux teintes entre la paille et la limonade. Sa mousse, plutôt faible, ne se fait pas prier pour quitter rapidement. Au nez, elle est assez présente et très agréable. On reconnaît le clou de girofle, la levure et peut-être de la coriandre en arrière-plan. Bien présente en bouche, on distingue nettement le clou de girofle et une acidité rappelant les agrumes. L'amertume toute menue termine très bien l'expérience.

COUP DE GRISOU, ALE CUIVRÉE, 5 %

Une ravissante bière à peine voilée de couleur cuivrée avec une mousse onctueuse au départ. Au nez, des arômes de levures et d'épices, probablement du clou de girofle, se mélangent aux agrumes. En bouche, un corps plutôt mince porte pourtant très bien les saveurs de conifères, de fruits, d'épices et de levure. Son amertume bien simple fait corps avec les épices.

BRASSERIES ARTISANALES

BENELUX

245, Sherbrooke O, Montréal
514-543-9750
www.brasseriebenelux.com
Lun-dim, 15h-3h (ouverture dès 9h en saison estivale)

Située dans une ancienne banque, cette brasserie artisanale a ouvert ses portes tout près du centre-ville en avril 2006. Le menu est axé autour de bières d'inspiration américaine, dominées par le houblon et bien sûr, de quelques spécialités belges. Près d'une trentaine de recettes sont brassées de façon cyclique et quotidiennement, au moins cinq bières maison et quelques bières invitées figurent au tableau. Parmi les coups de cœur des amoureux de la

LES BIÈRES L'ESCOUSSE ET LA RESCOUSSE, POUR LA PROTECTION DE NOTRE FAUNE

Depuis son lancement en 1998, le projet Rescousse permet d'amasser des fonds pour la Fondation de la faune du Québec afin de protéger les espèces menacées ou vulnérables. En effet, les Brasseurs RJ, qui brassent l'Escousse et la Rescousse, versent une partie des profits générés par la vente à la fondation sous forme de redevances. Grâce aux fonds amassés, une passe migratoire a pu être construite sur la rivière Richelieu, à la hauteur de St-Ours, en Montérégie.

Les concepteurs du projet Rescousse sont deux jeunes biologistes, Andree Gendron et Alain Branchaud, qui ont fait connaître, grâce au projet, la situation d'espèces animales en péril tels que le chevalier cuivré, la tortue-molle à épines, le pluvier siffleur, la rainette faux-grillon de l'Ouest, l'achikunipi, et plus récemment le grand pingouin, espèce malheureusement déjà disparue.

Projet à l'image de la réalité environnementale actuelle, d'autres brasseries ont lancé une initiative similaire telle que la Honu Brewing Company qui s'est associée au World Turtle Trust pour la sauvegarde des tortues de mer à Hawaii.

L'Escousse est une lager noire d'inspiration allemande (Schwarzbier), tandis que la Rescousse est une rousse de blé sur lie aux effluves de caramel et d'agrumes. Bref, essayer les deux c'est doubler votre contribution à une bonne cause !

---

bière : la pale ale au seigle, la saison et la brune belge.

Avec une adresse aussi stratégique, entre le campus de l'UQAM et celui de l'Université McGill, le Benelux est vite devenu le port d'attache des étudiants du secteur. Ses atouts : design et décoration innovateurs, Internet sans fil gratuit, repas de style bistro et bien sûr, de la bière de première qualité brassée sur place. Benelux offre aussi sur réservation un salon privé situé dans le coffre-fort. De nombreux événements ponctuent l'année dont les lundis acoustiques où vous pourrez démontrer vos talents de musiciens (instruments de musique non fournis), les soirées du hockey pour suivre nos « glorieux », etc.

L'ERGOT,
ALE TRIPLE SAISON, 8.8 %
Son apparence est d'un bel orangé voilé avec un col mousseux qui laisse une large dentelle sur le verre. Au nez, des arômes très présents d'agrumes et d'épices qui se retrouvent en bouche. Le goût du seigle et de la levure font

leur apparition et malgré son haut degré d'alcool, il ne s'impose pas en bouche. L'arrière-goût persiste et signe ! Une excellente bière lors de la froide saison.

LUX ROUSSE,
ALE ROUSSE, 5 %
D'une belle couleur ambrée aux reflets cuivrés, cette succulente bière est surmontée d'un collet beige crémeux. Au nez, malt, caramel et noix laissent présager le bonheur en bouche et c'est chose faite dès la première gorgée. Le malt rôti, les noix et le houblon occupent une grande place et laisse parfois entrevoir un goût subtil de fruits. L'amertume bien dosée vient couronner le tout.

BRUTOPIA
1219, Crescent, Montréal
514-393-9277
www.brutopia.net
Sam-jeu, 15h-3h ; ven, 12h-3h
Brutopia a ouvert ses portes en 1997 grâce aux efforts de Jeffrey Picard, un bièrophile passionné qui a réussi à créer

une petite institution sur la populaire rue Crescent. On y vient pour sa IPA, sa blonde au framboise, sa Chocolate Stout (médaille d'Or du prix grand public au Mondial de la Bière 2006), mais surtout pour cette si agréable atmosphère… un endroit où il fait tout simplement bon de déguster une bière maison entre amis. En plus des cinq bières régulières, chaque saison apporte son lot de découvertes. Pour les petits creux, jetez un coup d'œil au menu de Brutapas… de quoi faire gronder votre estomac ! Ai-je besoin de mentionner les nombreux spectacles gratuits, les dimanches « open mic », les lundis « trivia night » (en anglais seulement), les fêtes et soirées bénéfices… et la terrasse chauffée à l'arrière !

BLONDE AUX FRAMBOISES, ALE AUX FRUITS, 5%

Un des classiques du Brutopia ! Une belle robe blonde aux reflets rosés et aux effluves de framboises. En bouche, une faible effervescence et un goût fruité plus discret que l'arôme laissait présager. La framboise, très bien dosée, donne à cette bière un goût léger et tellement rafraîchissant. Un must de l'été !

IMPERIAL STOUT, ALE NOIRE, 7.9%

Brutopia brasse d'excellentes stouts et celle-ci ne fait pas figure d'exception ! D'un noir opaque avec une mousse beige crémeuse. On y détecte des arômes forts de chocolat et café mêlés à un parfum floral. À la première gorgée, un goût un peu fruité laisse place à celui du chocolat, de la mélasse et du malt rôti, avant de revenir à la charge en arrière-goût. Une bière forte, crémeuse, qui se boit tout en douceur.

CHEVAL BLANC

809, Ontario E, Montréal
514-522-0211
www.lechevalblanc.ca
Lun-sam, 15h-3h ; dim, 17h-3h

Le Cheval Blanc c'est avant tout un lieu où depuis 1924 les artistes, les gens d'affaire qui travaillent au centre-ville,

Montréal

les étudiants et les citoyens du quartier se retrouvent en fin de journée pour boire des bières de qualité et refaire le monde. C'est aussi le premier brasseur artisanal de Montréal. Cette page d'histoire s'ouvrit en 1987 lorsque Jérôme Denys décida d'y brasser de la bière. Son succès en bouteille via la SAQ fut tel que la microbrasserie Les Brasseurs RJ décida de s'approprier la marque en 1998. Aujourd'hui, les activités du Cheval Blanc, qui offre plusieurs sortes de bières, dont la Bock et la Scotch Ale, sont complètement dissociées de celles des Brasseurs RJ, même si on retrouve des bières à l'effigie du Cheval Blanc parmi les produits RJ.

Que ce soit sur les murs de la taverne ou par les spectacles qui y sont présentés, le Cheval Blanc a toujours offert une place de choix aux artistes émergents. Plus de quatre-vingt ans après sa fondation, c'est dorénavant François Martel qui est à la tête de cette institution, et il réussit de façon remarquable à marier la taverne de quartier, le pub étudiant et le brasseur artisanal.

En 2007, Le Cheval Blanc célébrait son 20e anniversaire et pour cette occasion, on a pu découvrir la Barley Wine, un vin d'orge vieilli d'un an.

AMBRÉE, ALE AMBRÉE, 5%
Une bière cuivrée foncée avec une mousse appréciable qui s'y tient fièrement et résiste assez bien aux passages des lèvres. Au nez, des arômes de malt caramel avec une note rappelant la tire d'érable. En bouche, elle a de légères saveurs de caramel et de tous petits effets noisette et fumé. Une amertume lente à s'installer finit par détoner dans ce monde de tranquillité.

BLONDE, LAGER BLONDE, 5%
Une belle bière blonde légèrement dorée. Sa mousse est relativement faible mais colle bien sur les parois du verre. Au nez, d'agréables arômes de malt et de houblons aromatiques. En bouche, on rencontre une bière moyennement ronde, bien maltée avec une touche mielleuse. Une bonne amertume tout en légèreté mais assez persistante termine le tout.

DIEU DU CIEL ! – LA BRASSERIE ARTISANALE
29, Laurier O, Montréal
514-490-9555
www.dieuduciel.com
Lun-dim, 15h-3h
En mars 1993 naissait la bière Dieu du Ciel, produit mûri par Jean-François Gravel après deux et demi d'effort. Puis en septembre 1998, c'est l'ouverture de la brasserie artisanale portant le même nom et plus de 300 personnes sont présentes… sans qu'aucune publicité n'ai été faite. Faute de place à l'intérieur, la police doit même tolérer les gens qui boivent sur le trottoir ! La clientèle s'établit rapidement, appréciant la grande variété de bières qui y est produite. Sur la cinquantaine de recettes différentes brassées annuellement, une quinzaine de bières sont au menu. Notre recommandation : l'assiette de fromages québécois

accompagnée d'une de leurs excellentes bières blanches. Un pur délice !

La réputation de Dieu du Ciel ! n'est plus à faire ! C'est ce gage de qualité et de diversité qui attire les amateurs de bières, venant parfois même de très loin, et en réponse à cette demande croissante, Dieu du Ciel ! a maintenant sa propre microbrasserie à Saint-Jérôme. Pour l'instant, six de leurs bières sont embouteillées et sont disponibles chez les détaillants spécialisés. Dieu merci !

DÉESSE NOCTURNE, ALE NOIRE, 5%
Une belle bière noire aux reflets acajou chapeautée par une superbe mousse crémeuse créée par l'azote. Le nez est totalement dominé par des arômes de grains grillés. En bouche, toujours le goût de grillé avec lequel l'action adoucissante de l'azote produit un effet crémeux très agréable. Quelques notes sucrées en ressortent aussi. Son amertume, bien dosée, est une liaison des amertumes de grains et de houblons.

NATIVITÉ AMBRÉE, ALE AMBRÉE, 5%
Une bière de blé orangée qu'un voile foncé rend très appétissante. Sa mousse est plutôt faible mais résiste bien jusqu'à la fin. Au nez, c'est très parfumé : des arômes de clou de girofle, de fumé et de levure. En bouche, une présence très affirmée d'un bouquet d'épices sur une bière maltée sucrée, avec une pointe d'acidité. Son amertume bien simple finalise le tout très correctement.

HELM BRASSEUR GOURMAND
273, Bernard O, Montréal
514-276-0473
www.helm-mtl.ca
Lun-dim, 15h-3h (horaire sujet à changements sans préavis ; la cuisine ferme à 23h du dimanche au mercredi et à 1h du jeudi au samedi)
Voici une brasserie artisanale aux allures très tendances, reflet de

l'essor du quartier Mile-End qui attire de plus en plus d'étudiants et de jeunes professionnels. Helm, pour Houblon-Eau-Levure-Malt, occupe les locaux de l'ancien Fûtenbulle, une adresse fort bien connue, voire même mythique, des nombreux bièrophiles de la métropole. Gageons qu'ils ne seront pas déçus par le concept des nouveaux propriétaires ! Le Helm encourage l'économie locale en misant sur les produits du terroir québécois afin de faire découvrir ce que notre province fait de mieux, tant par ses bières artisanales, comme l'American Pale Ale ou l'Alt brune, que ses excellents tapas et fromages d'ici. Le tout au son de spectacles et DJs qui cadrent parfaitement avec l'ambiance chaleureuse des lieux et la déco très stylisée.

AMERICAN PALE ALE, 5%
Cette bière, d'une couleur orange clair tirant sur le doré, est une des meilleurs du Helm. Au nez, on la sent légère et houblonnée et au goût, sucrée avec un brin de caramel et de houblon. Pour ceux qui s'attendent à une bière amère, ce n'est pas le cas. Somme toute très douce et rafraîchissante.

BLANCHE DE BLÉ,
ALE BLANCHE, 4.5%
Une blanche voilée avec un col blanc très persistant. Au nez, un arôme citronné et frais qui se retrouve en bouche et éventuellement, on note également d'autres fruits comme le pamplemousse. Une bière d'été rafraîchissante comme toute bière de ce style.

L'AMÈRE À BOIRE
2049, Saint-Denis, Montréal
514-282-7448
www.amereaboire.com
Mar-ven, 12h-3h ; sam-lun, 14h-3h
L'illustre brasserie artisanale de la rue Saint-Denis est une sorte de lieu culte pour les bièrophiles de passage dans le Quartier latin. Toujours en quête d'excellence, les propriétaires se sont inspirés des styles allemands et tchèques pour développer leur

menu de bières. L'Amère à boire se spécialise dans le brassage de bières à fermentation basse (lagers), avec quelques ales également, et elle a su bâtir un menu de repas de style bistro, adapté aux bières offertes. Ouvert depuis 1996, cette brasserie artisanale a gagné une fidèle clientèle grâce à la qualité de ses produits.

IMPÉRIAL STOUT,
ALE NOIRE, 7.5%
Une bière noire, très noire. Des arômes de café, d'extrait de chocolat noir, de butter scotch. En bouche, une attaque douce qui se fait rapidement anéantir par une cohorte de saveurs de chocolat noir et de café crémeux avec leurs familles respectives de sous-saveurs aussi délicieuses les unes que les autres. Tranquillement, laissant tout ce monde de saveurs quitter à son propre rythme, une amertume parfaitement bien dosée s'affirme et confirme qu'elle prend l'arrière-garde bien en main.

MAIBOCK,
BOCK LAGER, 6.7%
Une bière limpide orangée empruntant des similitudes au caramel. Sa mousse, dans la bonne moyenne, est tout le portrait de ce qu'on peut s'attendre d'une vraie mousse. Au nez, elle dégage des arômes fruités, d'abricots et de beurre de caramel. En bouche, elle est rafraîchissante tout en étant maltée, sucrée et profitant d'une bonne dose de saveurs de caramel. Son amertume est résolument franche et très large.

LE SAINT-BOCK
1749, Saint-Denis, Montréal
514-680-8052
www.lesaintbock.com
Lun-dim, 11h-3h
Cette brasserie artisanale a vu le jour en octobre 2006, en plein cœur du réputé Quartier latin, grâce aux efforts de Martin Guimond et Nancy Parisien. Depuis, sa popularité grandissante ne se dément pas. En plus d'offrir d'excellentes bières brassées sur place comme La Secret des Dieux, une blonde sur lie amère, L'Offense, une rousse caramélisée, ou La Pénitente,

Montréal

une blanche épicée, le Saint-Bock se fait également fier représentant des microbrasseries québécoises (Alchimiste, Barberie, Chaudron International, Lièvre, Au Maître Brasseur, Trois Mousquetaires, etc.), en plus d'avoir une carte exhaustive de bières importées. C'est en tout plus de 350 bières qui figurent au menu alors il se pourrait que vous mettiez un certain temps à vous décider… Renseignez-vous également sur les importations privées. Pour les fringales, vous dénicherez sans aucun doute votre plaisir gourmand dans une des dix pages composant le menu et prenez note que la cuisine reste ouverte tous les soirs jusqu'à 2h du matin !
Bref, un incontournable du quartier qui allie bière artisanale, de microbrasseries québécoises et d'importation, un concept unique au Canada.

BROWN ALE OMÉGA-3, ALE BRUNE, 6%

Une légère teinte de bourgogne adoucit la robe de cette brune. On se laisse séduire d'emblée par ses arômes de torréfaction et de brûlé, le tout rehaussé de caramel et de sucré. Au goût, on s'attendrait à davantage d'amertume mais ce n'est pas le cas. C'est plutôt un goût de noisettes et de café qui vient nous surprendre et qui nous rappelle un tantinet la stout.
La Secret des Dieux, Ale Blonde, 5% Une belle blonde d'un jaune pâle et un peu trouble. Au nez, un mélange de houblon floral avec une pointe d'amertume et une note de caramel. L'amertume se retrouve également en bouche mais sans trop de persistance. C'est plutôt un goût floral rappelant le pin et les herbes qui s'installe et qui se termine sur une note très franche et longue de levure.

LES 3 BRASSEURS

1658, Saint-Denis, Montréal,
514-845-1660
Lun-dim, 11h30-3h
105, Saint-Paul E, Montréal, 514-788-6100
Horaire variable selon l'affluence et la saison
732, Sainte-Catherine O, Montréal,
514-788-6333
Horaire variable selon l'affluence et la saison
1356, Sainte-Catherine O, Montréal,
514-788-9788
Lun-ven, 11h30-3h ; sam-dim, 12h-3h
www.les3brasseurs.ca

L'histoire des 3 brasseurs au Québec a débuté le 21 juin 2002, à 20h30. Les employés étaient encore affairés à nettoyer et frotter murs et escaliers, lorsque le patron décida d'ouvrir les portes du 1658 Saint-Denis à Montréal, premier restaurant de la chaîne française en Amérique.

À 21h45, le patron refusait déjà les clients à l'entrée. La brasserie fonctionne à plein régime depuis. Il n'est pas rare de voir des clients debout à attendre une place pour les 5 à 7, où la pinte de bière brassée sur place est offerte au prix de la demie.

En été, ne ratez pas l'occasion de prendre l'apéro sur l'une de leurs terrasses bondées, rue Saint-Denis, St-Paul Est et Ste-Catherine Ouest (coin McGill College).

Au menu des bières, choisissez parmi la Blonde, l'Ambrée, la Brune ou la Blanche, brassées devant vos yeux et si vous hésitez, optez pour l'Etcetera : une palette de saveurs parmi lesquelles vous trouverez votre préférée ! En groupe, vous préférerez le spectaculaire « Mètre de bières » vous offrant dix verres de bières variées, accompagnés d'une Flamm., spécialité culinaire des 3 brasseurs.

La diversité est au menu, avec des plats comme les moules et les hamburgers à la bière maison, la choucroute, des salades et grillades, mais surtout : les Flammekueches, spécialité des 3 brasseurs. On les apprécie en plat principal, nappées de crème et d'une variété de garnitures : lardons, poulet, légumes variés et fromages du Québec ou en dessert, garnies de pommes, bananes et chocolat.

Le premier établissement de la chaîne, qui en compte plus de trente, a vu le jour à Lille, dans le nord de la France en 1986. Chaque restaurant offre une atmosphère bien distincte, intégrée à son milieu et toujours accueillante pour sa clientèle

Restaurant | Micro-Brasserie

LES 3 BRASSEURS

Vieux Montréal
Old Montréal

105, rue St-Paul est,
514.788.6100

Centre Ville
Down Town

1658, rue St-Denis
(Quartier Latin)
514.845.1660

732, rue Ste-Caterine ouest
(coin McGill College)
514.788.6333

1356, rue Ste-Catherine ouest
(coin Crescent)
514.788.9788

Ontario

275, Yonge Street
(Toronto)
Ouverture Hiver 2008

www.les3brasseurs.ca

**Bientôt
à Brossard !**
9316, Bld Leduc
Ouverture été 2008

5 générations de brasseurs
5 generations of brewers

composée tant d'étudiants que gens d'affaires et professionnels, dans une ambiance décontractée.

Comme vous l'aurez compris, le concept fonctionne fort bien et la région de Montréal compte déjà quatre établissements. Deux nouveaux emplacements ouvriront leurs portes cette année, soit au Quartier Dix 30 à Brossard au début de l'été 2008 et rue Yonge à Toronto hiver 2008.

LES 3 BRASSEURS AMBRÉE, ALE AMBRÉE, 6.2%

D'influence belge, la mousse de l'ambrée est dense et généreuse. D'agréables arômes maltés et de houblon s'en libèrent. Au goût, c'est le malt caramélisé qui prend la place. L'amertume est discrète mais veloutée et équilibrée. Voila un bel exemple de bière de qualité qui peut aussi plaire à la majorité.

LES 3 BRASSEURS BLANCHE, ALE BLANCHE, 4.8%

Aux yeux, elle est trouble avec quelques levures en suspension. Sa mousse, en mince filet, nous surprend et reste avec nous jusqu'à la dernière goutte. Des arômes d'agrumes et quelques effluves de banane s'en échappent. Légèrement acide et épicée, cette blanche est faite à partir de malt d'orge et de froment, le tout très bien balancé.

RÉSERVOIR

9, Duluth E, Montréal
514-849-7779
Lun, 15h-3h ; mar-ven, 12h-3h ; sam-dim, 10h30-3h

Au niveau de l'affichage, l'enceinte du Réservoir ne paie pas de mine. Le petit logo est très discrètement apposé sur la façade de l'établissement mais, c'est l'odeur du malt et des céréales qui se charge d'éveiller les sens lorsqu'on arrive au coin des rues Saint-Laurent et Duluth. Question déco, le Réservoir joue la carte de la sobriété : quelques photographies égayent les murs de briques et les grandes cuves de fermentation se chargent de l'arrière plan. C'est simple et réussi ! Le soir, la luminosité provenant des lampadaires

de la rue Duluth traverse l'immense fenêtre qui sert de façade avant et confère au pub une ambiance typique des pubs européens de quartier. Les propriétaires qui ont fondé cette brasserie artisanale en 2002 ont gagné leur pari : le Réservoir a une âme et on prend vite goût à y retourner fréquemment. Est-ce sa noire digne des stouts d'Irlande, ses découvertes houblonnées à chaque saison ou son menu qui font de cette brasserie le lieu idéal des 5 à 7 ? Qu'importe, on prend plaisir à y revenir !

PILSNER

Une pilsner de modèle traditionnel allemand fermenté à froid pour produire une bière blonde clair, sèche et rafraîchissante. Elle est brassée selon la loi de pureté allemande, la Reinheitsgebot, en utilisant seulement du malt Pilsner, les houblons Saaz nobles, de l'eau douce et de la levure de fermentation de fond. Très pâle en couleurs et légère sur le palais, la Pilsner du Réservoir est la bière parfaite pour se rafraîchir durant toute l'année.

SERGENT RECRUTEUR

4801, Saint-Laurent, Montréal
514-287-1412
www.ouisergent.ca
Lun, fermé ; mar-ven, 11h30-14h & 17h-fermeture ; sam-dim, 17h-fermeture (selon l'affluence)

Après un séjour en France, Louis Régimbald avait en tête d'ouvrir un bar à vin à Montréal mais, c'est finalement une brasserie artisanale qui a vu le jour en 1993. De la Blanche à la Stout, les produits maison sont indéniablement à essayer car ici, on ne vend que les bières du Sergent. Et que dire de leur menu de pizzas qui feront le bonheur de plusieurs ! Venez les savourer lors des soirées hebdomadaires « Les Mercredis Magiques » ou « Les Dimanches du conte » pour une expérience hors du commun. Et qui dit « conte » dit la Raconteuse, la blonde très primée de la clientèle !

BITTER, ALE ROUSSE, 5%

Une bière de couleur ambrée à peine

voilée. Une belle mousse qui s'avèrera durable la recouvre complètement. Au nez, une vague de houblon résineux simulant un très fort semblant de pamplemousse. En bouche, une bière sucrée maltée sur laquelle flotte le paquebot de l'amertume résineuse qui domine tout et assèche la bouche. Elle est à la bière ce que l'espresso est au café. À boire en fin de dégustation, pour donner une chance aux autres bières de s'exprimer.

TÉNÉBREUSE,
ALE NOIRE, 5.5%

Une belle bière noire classique aux quelques percées de lumière tirant sur l'acajou. Une belle mousse couleur café au lait la coiffe. Au nez, du chocolat au lait ou du chocolat noir bien adouci. En bouche, une agréable bière crémeuse avec un doux goût de brûlé séduisant et une pointe chocolatée. Son amertume de départ vient principalement du grain noir mais se fait vite relayer par celle d'un houblon particulièrement amer. L'amertume finale surprend d'abord un peu mais, on s'en fait vite une amie.

BARS SPÉCIALISÉS ET PUBS

CHEZ BAPTISTE

1045, Mont-Royal E, Montréal
514-522-1384
Lun-dim, 14h-3h

Federico, le jeune propriétaire du Baptiste, ne s'attendait pas à connaître autant de succès lorsqu'il a décidé de « retaper » cette institution qui porte le même nom depuis les années 30. En mettant à la porte les loteries vidéos et en remplaçant les « grosses 50 » par des bières de microbrasseries, Federico a gagné son pari et a réussi à créer l'un des pubs les plus prisés par les 20-40 ans du Plateau Mont-Royal. Malgré sa popularité, l'endroit a su garder son côté « bar du peuple », mérite que Federico décerne d'ailleurs à son personnel. La décoration est sobre, des toiles d'artistes du quartier égayent les murs de ce pub qui accueille occasionnellement des musiciens. Federico est fier d'encourager l'émergence musicale tout aussi bien « live » qu'en musique de fond. Chez Baptiste offre aux bièrophiles une dizaine de sortes de bières en fût de microbrasseries ainsi qu'une douzaine de bières en bouteille, de microbrasserie vous le devinez, parmi lesquelles nous retrouvons quelques importations. Avis aux amateurs : il semblerait que le niveau de jeu est assez élevé à la table de baby-foot.

CUNNINGHAM'S PUB

75, Sainte-Anne, Sainte-Anne-de-Bellevue
514-457-0080
www.cunninghamspub.com
Dim-mar, 11h-minuit ; mer-sam, 11h-3h

Le Cunnigham's Pub est un de ces endroits chaleureux où baigne une atmosphère digne de celle des vrais pubs irlandais. Situé à l'extrémité ouest de Montréal, c'est également le point de rendez-vous des étudiants du Collège John-Abbott. Côté houblon, les incontournables Guinness, Kilkenny, Harp et New Castle Brown Ale font honneur au vieux continent ! En plus des autres bières en provenance de France, d'Angleterre et de Hollande, on peut également déguster les produits de Sleeman-Unibroue et McAuslan. Le choix en bouteille est évidemment laissé aux bières plus rafraîchissantes et légères. Et pour accompagner votre bière lors des froides soirées d'hiver, optez pour le ragoût irlandais à la bière Guinness… un délice !

ELSE'S

156, Roy E, Montréal
514-286-6689
Lun-dim, 12h-3h

Le bar tient son nom de sa fondatrice, Else Smith, qui se targuait d'être la plus vieille punk en ville. L'endroit, fréquenté surtout par une clientèle d'universitaires anglophones, a conservé l'esprit bohème de l'ancienne propriétaire aujourd'hui décédée. Pour une question de licence, les clients doivent grignoter quelque chose s'ils désirent commander de l'alcool. Le menu de style bistro propose une « cuisine sur le pouce » pour accompagner la trentaine de bières disponibles, dont les produits Boréale, Belle Gueule, McAuslan pour ne nommer que ceux-là. Else's offre aussi une carte des cidres plutôt innovatrice avec des mélanges au clou de girofle ou encore le calvacidre (calvados et pomme).

GRANDE GUEULE

5615A, Côte-Des-Neiges, Montréal
514-733-3512
Lun-dim, 10h-3h
Des nouveaux étudiants, des étudiants qui n'en finissent plus d'être étudiants, et des anciens étudiants nostalgiques d'une autre époque, côtoient une clientèle de quartier de tous âges dans ce pub irlandais situé à deux pas de l'Université de Montréal. Les produits McAuslan sont à la tête d'une liste d'une quarantaine de bières, locales et importées, qu'on accompagne aisément avec les hot-dogs européens. Côté microbrasseries, on est gâté : Le Chaudron, Les Trois Mousquetaires, L'Alchimiste, Les Brasseurs du Nord, pour ne nommer que ceux-là. Avis aux étudiants : ce qui n'est au départ qu'une simple alternative à la bibliothèque pour faire la pause entre deux cours peut rapidement devenir un véritable port d'attache.

HURLEY'S IRISH PUB

1225, Crescent, Montréal
514-861-4111
www.hurleysirishpub.com
Lun-dim, 11h-3h, « last call » à 2h50 !
Le Hurley's c'est d'abord et avant tout l'esprit de la musique celte traditionnelle mais surtout une ambiance chaleureuse et authentique d'un vrai pub irlandais. Il va sans dire qu'ils ont un excellent menu de bières irlandaises en fût : Guinness, Harp, Kilkenny, Smithwick's et Murphy's, sans oublier les brasseries anglaises, belges, françaises et danoises. Côtés québécois et canadien, deux produits McAuslan, la IPA Alexander Keith et la lager Moosehead. À première vue du menu des bières en bouteille, on comprend

qu'il est très recherché. On ne peut passer sous silence la liste hallucinante de whiskies d'Irlande, de Seysides, d'Islay, de Lowland et d'autres régions. La cuisine est ouverte tous les soirs jusqu'à 22h.

IN VIVO – BISTRO CULTUREL ENGAGÉ

4731, Sainte-Catherine E, Montréal
514-223-8116
www.bistroinvivo.coop
Lun-mer, 11h-22h ; jeu, 11h-23h ; ven, 11h-minuit ; sam, 10h-minuit ; dim, fermé
Comme son nom l'indique, l'engagement est une chose sérieuse ! Engagement bièrophile d'abord avec une longue liste de bières de microbrasseries québécoises : L'Alchimiste, du Lièvre, Les Trois Mousquetaires, Brasseurs et Frères, Dieu du Ciel et des Brasseurs du Hameau... Engagement musical ensuite car ici les spectacles se succèdent sans temps mort. Un artiste différent monte sur scène presqu'à chaque soir dans une programmation favorisant les auteurs-compositeurs de la relève québécoise. Parmi les rendez-vous réguliers, notons d'ailleurs les Jeudis Jazz Boréale. Pour terminer, engagement gastronomique avec un menu abordable qui comprend toujours des paninis, des pizzas, des pâtes, des pierogies, des quiches et un plat de cuisine du monde.

L'INSPECTEUR ÉPINGLE

4051, Saint-Hubert, Montréal
514-598-7764
Lun-sam, 12h-3h ; dim, 15h-3h
L'Inspecteur Épingle a ouvert en 1987. Son nom procède de celui d'un personnage du roman « Contes-gouttes » de Plume Latraverse. Certains artistes de la chanson québécoise et francophone viennent régulièrement « faire leur tour », soit comme clients soit comme artistes invités. Le décor est sobre, agrémenté d'expositions d'art visuel qui changent toutes les trois semaines. Les bières des Brasseurs RJ, Molson, Les Brasseurs du Nord, et aussi celles de la Barberie, comme la bière au gingembre, composent le menu de l'Inspecteur.

LE BOUDOIR

850, Mont-Royal E, Montréal
514-526-2819
Lun-dim, 13h-3h

Malgré l'immense popularité de l'endroit, le Boudoir accueille majoritairement une clientèle locale. C'est un peu ici qu'on retrouve l'âme du Plateau. Les solitaires autant que les bandes de jeunes débonnaires sont accueillis au Boudoir avec le même service amical et chaleureux. La majorité de la clientèle trouve son compte parmi les huit fûts et la vingtaine de bouteilles de microbrasseries québécoises dont Unibroue, Boréale et McAuslan. Les autres profitent des spéciaux sur le scotch les lundis et mardis, de façon à venir à bout de la sélection complète qui compte une centaine de variétés !

LE CIGARE DU PHARAON

139, Saint-Paul O, Montréal
514-843-4779
www.lepetitmoulinsart.com/pharaon/index.
html
Lun-mer, 17h-1h ; jeu-sam, 15h-3h ; dim,
15h-23h (*ouvert qu'en saison estivale)*

Un petit trésor dans le Vieux-Montréal, ce pub est attenant au Petit Moulinsart. La bière est donc majoritairement belge et ce n'est pas le choix qui manque : plus de 33 produits importés en fût et en bouteille, dont la Giraf, la Mort-Subite, la Duvel et la Chimay. Les plus prisées sont la Leffe Blonde et la Stella Artois mais la clientèle semble aussi avoir un penchant pour les produits de microbrasseries tels que la Coup de Grisou et les bières du Cheval Blanc. Pour les amateurs de cigares, malheureusement la loi anti-tabac a fait son entrée et sa dégustation n'est plus permise… On y présente aussi des spectacles de musique latine, folk, jazz et autres les jeudis, vendredis et samedis. À noter : les sarcophages sur les murs sont des casiers à bouteilles à louer. En effet, le client peut faire l'achat d'une bouteille (n'importe laquelle) et louer le casier pour l'y installer. Les frais de location sont de 120 $ par an et la bouteille doit impérativement être achetée sur place. Ce sarcophage devient donc la propriété du consommateur en question et sera disponible à chaque fois qu'il le désire. Une façon astucieuse de fidéliser la clientèle !

LE VIEUX DUBLIN

1219A, University, Montréal
514-861-4448
http ://pages.infinit.net/dubpub/
Lun–dim, 11h30-3h
*Changement d'adresse à l'été 2008 :
636 Cathcart, Montréal.*

L'immense façade verte du bâtiment, situé en retrait d'un stationnement au cœur du centre-ville, détonne de l'arrière plan dessiné par les gratte-ciels gris qui l'entourent. À première vue, on croirait à un bâtiment industriel mais on adopte et apprécie rapidement le charme de l'endroit. La Guinness, bière tradition-nelle des ouvriers irlandais, est ici reine. Le Vieux Dublin est un incontournable pour les bièrophiles de Montréal depuis 1978. Johnny Assad, le propriétaire qui a acquis le pub en 1981, mise sur une vingtaine de bières en fût provenant d'Angleterre, d'Irlande, d'Écosse, de Belgique et du Québec pour satisfaire sa clientèle. Plus de 50 scotchs et whiskies sont disponibles, dont certains « single malt » d'une trentaine d'année. Pendant la journée, l'endroit est surtout fréquenté par une clientèle de gens d'affaires, mais le soir venu, étudiants et jeunes professionnels s'emparent du pub pour discuter autour d'un verre et écouter les groupes de musique qui s'y produisent tous les jours de la semaine à partir de 22h. Du dimanche au mardi en soirée, on reçoit une demi-pinte à l'achat d'une pinte, sur produits sélectionnés seulement La cuisine, ouverte de 11h30 à 15h et de 17h à 21h, offre entre autres une grande sélection d'appétissants ham-burgers grillés sur charbon de bois.

MCKIBBIN'S IRISH PUB

1426, Bishop, Montréal, 514-288-1580
Lun-dim, 11h-3h
6361, Autoroute Transcanadienne,
Complexe Pointe-Claire, Pointe-Claire,
514-693-1580
Lun-ven, 11h30-3h ; sam-dim, 11h-3h
www.mckibbinsirishpub.com

Le magnifique bâtiment abritant ce pub irlandais plus que légendaire au centre-ville date de 1904 et est l'œuvre de l'architecte Robert Findlay. On ne compte plus les décennies qui ont vu défiler les discussions autour d'une bonne pinte et la tradition est loin de changer. Étudiants et Irlandais de souche ou de cœur fréquentent avec assiduité le McKibbin's. Son menu de bières fait bien évidemment honneur au pays du trèfle et le choix aux pompes fait définitivement l'unanimité. On peut rassasier sa faim avec les spécialités du chef, comme le fameux Irish Stew, se déhancher au son des nombreux groupes de musique et DJ de passage au pub, ou encore profiter des soirées à thème organisées aux deux adresses. Le McKibbins du centre-ville vaut définitivement le détour lors des festivités de la Saint-Patrick, ne serait-ce que pour l'ambiance authentique qui y règne et son immense farfadet à l'extérieur. On dit d'ailleurs que de frotter son ventre porte bonheur.

O'REAGAN'S IRISH PUB
1224, Bishop, Montréal
514-866-8464
www.bar-resto.com/oregan/
Lun-mer, 16h-1h ; jeu-sam, 12h-3h ; dim, 12h-1h
Ce n'est pas le choix qui manque en pubs irlandais au centre-ville de Montréal ! Et pour cause : l'Est du Canada compte environ 4 millions de descendants irlandais alors vous comprendrez que plusieurs aient choisi notre ville comme port d'attache. Ici, comme dans tout bon pub irlandais qui se respecte, les incontournables se servent sous forme de pinte. De l'Irlande à l'Angleterre, en passant par l'Europe de l'Ouest, en tout seize produits en fût et huit en bouteille composent le menu, sans oublier les produits locaux comme Sleeman, Rickard's, Alexander Keith et Saint-Ambroise. Le whisky y tient une place d'honneur et il est possible de déguster quelques Single malt. Et pour une expérience gustative provenant de la terre de nos ancêtres, goûtez à

l'Irish Stew, un ragoût d'agneau avec un soupçon de Guinness, légumes et pommes de terre.

PUB QUARTIER LATIN
318, Ontario E, Montréal
514-845-3301
Lun-dim, 15h-3h
Un des lieux branchés du quartier, le Pub du Quartier latin donne dans l'atmosphère lounge et décontractée. Outre leur éventail de portos, vins et scotchs, le pub se fait fier représentant du houblon et sert de vitrine aux produits québécois tels que Boréale, McAuslan et Le Cheval Blanc. En été, profitez de leur magnifique terrasse. En tout temps, on grignotera des plats légers.

PUB L'ÎLE NOIRE
342, Ontario E, Montréal
514-982-0866
Lun-dim, 15h-3h
L'Île Noire c'est la Mecque des scotchs, des scotchs rares, pouvant atteindre les 500 $ le verre ! Mais les amateurs d'un houblon plus doux ne sont pas en reste et n'ont qu'à choisir parmi la Belle Gueule, la Saint-Ambroise, la Guinness pour ne nommer que ceux-ci. L'ambiance est chaleureuse et nous invite à y retourner souvent. Se la couler douce par quelques beaux après-midi et profiter du décor rappelant le pays du chardon avec en main, sa boisson houblonnée préférée, l'Île Noire est réellement une destination idéale. Pour les soirées, il faut soit arriver tôt et se cramponner à sa chaise soit accepter de jouer du coude pour se tailler une place sur cet îlot de qualité suprême.

RICHARD MCCAROLD'S PUB
3725, Lacombe, Montréal
514-738-2971
www.pubmccarold.com
Lun-ven, 11h30-3h ; sam, 15h-3h ; dim, 15h-1h
Véritable petit bijou du quartier Côte-des-Neiges, ce pub irlandais prouve qu'on peut découvrir un havre du houblon sans nécessairement être en plein cœur du centre-ville. Dès le premier coup d'œil au menu, le

bièrophile ne peut que sourire et avec raison : le choix est exhaustif ! En plus des produits typiques d'Irlande (et son menu de dégustation…), la bière locale est représentée par Unibroue, Sleeman, Les Brasseurs RJ et Le Cheval Blanc. Mais la spécialité du McCarold's c'est sans contredit les bières importées. Les nostalgiques du plat pays (la Belgique !) se réconforteront avec une Chimay (dont la bleue et la Grande Réserve qui se font plus rares à Montréal), une Chouffe, une Duvel ou une Maredsous. À découvrir si ce n'est pas déjà fait : la Giraf (ale danoise légèrement amer) et la XO (bière ambrée au cognac… divin). Le gadget nec-ultra : pour les groupes d'au moins six à huit personnes, vous pouvez avoir accès à la pompe à bière « libre service » de Belle Gueule blonde. Il suffit de commander votre carte de débit au bar permettant l'accès à une quantité prédéterminée.

SAINTE-ÉLISABETH

1412, Sainte-Élisabeth, Montréal
514-286-4302
www.ste-elisabeth.com
Horaire d'été : lun-dim 15h-3h. Horaire d'hiver : lun-ven, 16h-3h ; sam-dim, 18h-3h
Sa superbe terrasse emmurée, couverte de plantes grimpantes et parsemée d'arbres, fait la réputation de ce bar. Les bières de la microbrasserie Boréale sont en vedette et particulièrement les lundis et mardis où le prix de la pinte chute à 3.75 $! Sinon, en semaine entre 16h et 20h, la pinte de microbrasserie est à 4 $. Pour ce qui est des bières importées, l'Irlande et la Belgique sont rois et maîtres. En bouteille, certains amateurs seront ravis d'apprendre que la Délirium Tremens figure au menu, bière corsée aux arômes d'abricot !

VICES & VERSA

6631, Saint-Laurent, Montréal
514-272-2498
www.vicesetversa.com
Lun, 15h-1h ; mar-dim, 15h-3h
Un bistro québécois et fier de l'être ! En plus de vous proposer les bières (pression !) de différentes microbrasseries d'ici telles La Barberie, Hopfenstark, À la Fût, Dieu du Ciel ! ou

L'Alchimiste, l'équipe de Vices & Versa se fait la vitrine d'artisans locaux. Les produits du terroir sont à l'honneur et se marient admirablement aux bières proposées, à déguster à l'unité ou en « carrousel ». Ajoutez à cela une agréable terrasse à l'arrière, l'accès gratuit à Internet sans fil, des spectacles et vernissages qui rendent l'endroit plus agréable encore, et vous comprendrez notre engouement pour cette adresse.

YER' MAD

901, de Maisonneuve E, Montréal
514-522-9392
Lun-dim, 15h-3h
En breton, le nom de l'établissement signifie « santé ! » (« tchin ! » ou « cheers ! », selon les écoles…). Serait-ce le pichet de Griffon ou de Saint-Ambroise qui garantit l'équilibre corporel et mental du consommateur ? Ou alors les petits délices préparés selon les recettes de Jonathan, le maître-brasseur de chez Les Trois Mousquetaires ? Peu importe, les clients arborent généralement le sourire et ont le cœur à la fête. La musique entraînante y est sûrement pour quelque chose dans cette taverne nouveau genre qui n'a rien de vieux. La clientèle s'étant rajeunie depuis la création du bar, est est maintenant composée de bon nombre d'étudiants de l'UQAM et du Cégep du Vieux-Montréal. Yer'mad !

YE OLDE ORCHARD

5563, Monkland
514-484-1569
www.yeoldeorchard.com
Lun-mer, 11h30-1h ; jeu-ven, 11h30-2h ; sam, 9h-2h ; dim, 9h-1h
1189, de la Montagne, Montréal,
514-874-1569
Lun-ven, 11h30-2h (ou 3h) ; sam-dim, 9h-2h (ou 3h)
Une rumeur circule au sujet de Ye Olde Orchard sur Monkland… Il semblerait qu'on y sert la meilleure pinte de Guinness en ville ! Non seulement la meilleure mais versée selon les règles de l'art. On entend d'ailleurs souvent les habitués dire qu'il vaut la peine d'attendre un peu pour cette pinte

tant désirée afin qu'elle soit servie parfaitement. Côté houblon, les deux adresses tiennent les incontournables bières irlandaises mais sont aussi une excellente vitrine pour les produits de McAuslan. Les deux pubs ont par contre leur propre identité, une atmosphère qui leur bien est distincte. Pour une ambiance digne des pubs celtiques, on opte pour Monkland, question de savourer sa pinte au son des « violoneux ». On y verra certains employés arborer fièrement le kilt ! Au centre-ville, le pub est situé dans un magnifique bâtiment d'époque et sa clientèle reflète davantage le cœur de Montréal : les gens d'affaires et les touristes en quête d'une bonne pinte.

ZINC

1149, Mont-Royal E, Montréal
514-523-5432
Dim-mar, 16h-minuit ; mer-sam, 16h-3h
Dans la jungle du plateau, le Zinc joue la carte de l'authentique bar de quartier, et la clientèle est à l'image de la carte des bières : très diversifiée. Le Zinc propose près d'une trentaine de bières à la pression et quelques produits en bouteille. L'endroit se prête fort bien aux rencontres entre amis, un moment de détente bien mérité, question de savourer sa Belle Gueule ou sa Tremblay. Les amateurs de produits belges ne seront point déçus car ils sont en tête d'affiche de la carte des bières importées. Une atmosphère agréable, un choix musical plaisant à tous, tout simplement un petit bijou de bar !

RESTAURANTS SPÉCIALISÉS

ALEXANDRE ET FILS

1454, Peel, Montréal
514-288-5105
www.chezalexandre.com
Restaurant : lun-dim, 11h30-2h. John Sleeman Pub : lun-dim, 11h30-15h & 17h-2h.
Un restaurant parfait pour les bouches

fines : terrine de canard, boudin noir grillé, jarret de veau braisé et risotto, bavette aux échalotes… Pour le bièrophile plus aguerri, le John Sleeman Pub au 2e étage est l'endroit de prédilection. C'est en tout treize fûts importés d'Irlande, d'Écosse, d'Angleterre, de France, d'Hollande et de Belgique. Les amoureux des produits Unibroue pourront y déguster la Blanche de Chambly ou la Raftman, une excellente ale au malt de whisky fumé à la tourbe. En bouteille, Sleeman et Pilsner Urquell se partage la carte. Une adresse à retenir pour un décor typique d'une vraie brasserie française.

AUBERGE DU DRAGON ROUGE

8870, Lajeunesse, Montréal
514-858-5711
www.oyez.ca
Lun-jeu, 11h30-22h ; ven, 11h30-23h ; sam-dim, 9h-14h & 16h30-22h (23h le samedi) (de janvier à mai, fermé les lundis et mardis)
Oyez, oyez ! À l'auberge, on fait bombance et ripaille dans une ambiance médiévale des plus festives, avec bien sûr, une froide cervoise à la main ! La boustifaille, axée sur les produits du terroir, est un heureux mariage de cuisine médiévale et gourmande. Ici, pour commander une chope, il faut taper sur la table en s'écriant « Aubergiste, à boire ! », et on choisit ensuite entre les produits Boréale ou Les Brasseurs RJ, pour ne nommer que ceux-ci. Sinon, on se laisse tenter par du cidre, de l'hydromel, du calvados ou par un de leurs nombreux élixirs. Lors de soirées moins achalandées, vous aurez peut-être la chance de mettre la main sur la marmite de bières tant convoitée. Pas de verres ni de chopes… on boit directement à la louche ! Préparez-vous à attendre un peu pour votre table les vendredis et samedis car à l'auberge, c'est premier arrivé, premier servi. Mais entre vous et moi, l'attente en vaut vraiment le coup.

BIÈRES ET COMPAGNIE

4350, Saint-Denis, Montréal
514-844-0394

www.bieresetcompagnie.ca
Lun-dim, 11h-fermeture
Des mets savoureux et de qualité, une carte des bières particulièrement étoffée, le tout dans un décor agréable et confortable. C'est tout cela Bières et Compagnies ! Comme son nom l'indique, le houblon est la raison d'être de ce restaurant où cuisine et bières font bon ménage : filet mignon sur nid de champignons avec sauce à la Guinness, raclette à la Griffon blonde, choucroute garnie mijotée à la Boréale… Lieu de prédilection des biérophiles, le choix est difficile parmi la centaine de bières proposées. Les produits québécois représentent une quarantaine de bières, ce qui n'est pas négligeable ! Pour les amateurs des produits de la mer, les moules sont à volonté du lundi au mercredi pour environ 15 à 20 $, et accompagnées d'excellentes frites belges.

FOURQUET FOURCHETTE
PALAIS DES CONGRÈS

265, Saint-Antoine O, Montréal
514-789-6370 / 1-888-447-6370
www.fourquet-fourchette.com
Lun-mer, 11h30-16h ; jeu-ven, 11h30-22h ; sam, 17h30-22h ; dim, fermé
Le temple de la gastronomie québécoise à la bière ! L'appendice culinaire de la célèbre microbrasserie Unibroue est une halte incontournable, que l'on soit ou non amateur de bières. Et si vous ne l'êtes pas, ici, vous le deviendrez. À la carte, des plats extraordinaires comme la salade tiède de pétoncles et de saumon fumé à la Raftman, le ragoût de caribou à la gelée de cèdre et à la Trois Pistoles ou encore, un pot-au-feu du Bas Fleuve à la Blanche de Chambly. En mangeant, vous recevrez peut-être la visite de personnages historiques comme Jean Talon ou Louis Jolliet pendant que des musiciens vous joueront un air du folklore local. Pour que le plaisir perdure en dehors du restaurant, visitez la boutique pour acheter des plats ou des produits dérivés de la bière.

FRITE ALORS !

143, de la Commune, 514-875-9540
5235-A, du Parc, 514-948-2219
1562, Laurier E, 514-524-6336
433, Rachel E, 514-843-2490
1710, Saint-Denis, 514-842-9905
3497, Saint-Laurent, 514-840-9000
5405, 9e avenue, 514-593-8008
www.fritealors.com
Appelez directement pour connaître les heures d'ouverture des franchises.
Dans cette friterie belge qui a d'abord ouvert ses portes sur l'avenue du Parc en 1991, les saucisses, hamburgers, frites, bavettes de cheval et steaks tartares s'accompagnent volontiers d'une bonne bière. Le bistro propose une trentaine de sortes de bières belges et québécoises. Les microbrasseries d'ici sont d'ailleurs bien représentées : Boréale, Unibroue, Le Chaudron, Les Brasseurs RJ et L'Alchimiste. Ce dernier brasse d'ailleurs la Bachi-Bouzouk, une pils maison pour Frite Alors. C'est également l'occasion parfaite de découvrir (ou redécouvrir) les excellentes bières belges telles que la Blanche de Bruxelles et la Leffe blonde. De quoi nous aider à rafraîchir notre bouche lorsque l'on dévore le fameux sandwich Mitraillette aux merguez !

LE PETIT MOULINSART

139, Saint-Paul O, Montréal
514-843-7432
www.lepetitmoulinsart.com
Lun-ven, 11h30-15h ; lun-dim*, 17h-23h (ouvert le dimanche en saison estivale seulement)
Éric Lehousse, belge d'origine, a compris depuis déjà longtemps que la simplicité (qui rime ici avec qualité) et une bonne dose d'enthousiasme sont les gages de longévité. Ce restaurant, dédié tout entier à la gloire des aventures de Tintin, ne déçoit jamais. Dans chaque coin et recoin de l'établissement, on respire la bonne humeur. Bien sûr, le chef joue la couleur locale belge en élaborant des moules-frites que l'on accompagnera volontiers d'une bière choisie dans une carte particulièrement étoffée (référez-vous à l'article sur Le Cigare du Pharaon dans la section des bars et pubs). Mais

son talent ne faillit pas non plus dans la préparation de plats d'inspiration française à l'image du suprême de volaille pané aux noix de Grenoble, ou du magret de canard au Porto. Le tout accompagné d'une bière, cela va de soi, et d'un vin (la carte des vins est aussi un vrai petit bijou).

NA BRASA
121, Duluth E, Montréal
514-287-9096
Lun-mer, 16h-2h ; jeu-ven, 11h30-2h ; sam-dim, 9h30-3h
Na Brasa propose des mets portugais et méditerranéens. Les spécialités de la cuisine, ouverte jusqu'à minuit, sont les moules et le poulet grillé à la portugaise. L'endroit est à mi-chemin entre le restaurant familial et le bar de quartier. On y offre 33 scotchs, 18 rhums et autour de 15 vins au verre. Côté bières, neuf bières québécoises en fût et une trentaine de bières en bouteille sont disponibles.

DÉPANNEURS ET MARCHÉS D'ALIMENTATION

IGA-LOBLAWS ET MÉTRO
IGA : Marché Bilodeau,
5000, Jean-Talon E, Montréal
MÉTRO : Marché Dunn,
3824, Décarie, Montréal
LOBLAWS : Loblaws Angus,
2925, Rachel E, Montréal
Voyant que les goûts de ses clients changent, l'épicerie dite "traditionnelle" s'est aussi lancée dans l'offre de bières importées et de microbrasseries, en plus d'offrir des montagnes de bières des grandes brasseries Molson et Labatt. Dans certains quartiers, les épiceries proposent une large gamme de produits de microbrasseries et d'importation, alors que dans d'autres, Molson et Labatt auront plus la faveur du public. Par contre, en général, la présentation des bières de spécialité est plus intéressante dans les marchés IGA.

En effet, on fait le tour du présentoir comme si l'on faisait le tour du monde puisque chaque pays est identifié au-dessus des bières. La Belgique, la France, l'Allemagne, le Canada… En général on trouve de dix à quinze produits d'importation et plusieurs dizaines de produits de microbrasseries. Métro obtient une bonne note pour ses petites sections de verres à bières de microbrasseries. Loblaws place ses bières de spécialités sur d'autres rayons que ses bières des grandes brasseries, sans plus.

DÉPANNEUR AVA
790, Laurier E, Montréal
514-272-8636
Lun-jeu & sam, 8h-22h ; ven, 8h-21h ; dim, 8h-22h30
Le propriétaire Archie Manoug se dit « incapable de boire de la Molson ». Il aime les produits avec un fort caractère et cela se reflète dans ses goûts : La Barberie, l'Alchimiste, Les Trois Mousquetaires, McAulsan, etc. Beaucoup de bièrophiles qui vivent à l'extérieur du Plateau viennent au dépanneur AVA pour regarnir leurs collections de verres. Quant aux gens du quartier, ils peuvent passer leur commande par téléphone et profiter de la livraison gratuite.

DÉPANNEUR OH ! (Bonisoir)
1651, Laurier E, Montréal
514-522-6656
Lun-sam, 8h-23h ; dim, 9h-23h
Selon Oh !, la clientèle de ce dépanneur est composée presque uniquement des gens de ce coin de quartier du Plateau : « des vieux qui choisissent leurs bières en fonction du prix, et des jeunes qui l'a choisissent en fonction du goût ». On y retrouve les bières des principales microbrasseries du Québec ainsi qu'une très large quantité de produits d'importation.

DÉPANNEUR SIMON ANTHONY
1349, Beaubien E, Montréal
514-272-3632
Lun-dim, 7h-23h
Il y a quelques années, Simon Anthony

ÉPICERIE JOSÉ

SPÉCIALITÉS : BIÈRES ARTISANALES, IMPORTÉES ET MICRO-BRASSERIES

514.843.6600

a décidé d'allier passion et travail en changeant son dépanneur en paradis de la bière : « Je bois beaucoup de bières et de toute les sortes ! Je les ai toutes goûtées… il y en a plus de trois cents ici ! ». Même si le nombre de « 300 bières » est un peu exagéré, M. Anthony offre à peu près tout ce qui se brasse dans la province et avec le temps, il a su se bâtir une clientèle qui provient d'un peu partout dans la métropole.

ÉPICERIE JOSÉ

470, Duluth E, Montréal
514-843-6600
Lun-sam, 6h30-23h ; dim, 7h30-23h
La propriétaire, Sandra Lopes, est une passionnée de bières. Rares sont les événements bièrophiles auxquels elle n'assiste pas et cela se reflète dans le choix de microbrasseries québécoises disponibles sur place : La Barberie, Les Trois Mousquetaires, La Schoune, L'Alchimiste, Dieu du Ciel !, Brasseurs et Frères, Les Brasseurs du Hameau, etc. Les tégestophiles (voir dans l'Abièrecédaire) connaissent également bien cette adresse en raison des nombreux items collectionnables. Vous avez un ami bièrophile à qui vous désirez faire plaisir ? Les paquets-cadeau feront à coup sûr le bonheur de tous. Sur demande, ils seront confectionnés sur mesure. Sandra organise des dégustations de bières à même le magasin, les jeudis, vendredis et samedis de 5 à 9.

LE MARCHÉ DES SAVEURS

280, Place du Marché-du-Nord,
Marché Jean-Talon, Montréal
514-271-3811
www.lemarchedessaveurs.com
Sam-mer, 9h-18h ; jeu-ven, 9h-21h
La Maison des Vins et des Boissons Artisanales du Québec et le Marché des Saveurs, situés à la même adresse, sont des pionniers dans la valorisation des produits du terroir québécois. C'est plus de 60 producteurs d'ici qui sont représentés. On y découvrira une multitude de boissons artisanales telles que le cidre, le vin, l'hydromel, les alcools de petits fruits, les boissons à l'érable… et la bière de microbrasserie. Et quel choix ! Vingt microbrasseries sont représentées ici : À l'Abri de la Tempête, Au Maître Brasseur, La Barberie, Les Bières de la Nouvelle-France, Charlevoix, Saint-Arnould… la liste est longue et les présentoirs à perte de vue.

LES DÉLIRES DU TERROIR

6406, St-Hubert, Montréal
514-678-6406
www.lesdeliresduterroir.com
Lun, fermé ; mar-mer, 11h-18h ; jeu-ven, 11h-21h ; sam, 12h-18h ; dim, 12h-17h30
Les Délires du Terroir, comme son nom l'indique, c'est une boutique qui vend uniquement des produits faits au Québec. La sélection de bières est si vaste, qu'on se dit que rassembler une telle collection, c'est plutôt délirant ! Pour tout vous dire : ils ont plus de 175 bières différentes, ce qui veut dire qu'ils ont presque toutes les bières disponibles sur le marché de la microbrasserie ! Ils ont même leur propre bière, La Délirante, faite sur mesure par les Brasseurs du Hameau. Niveau délices, on trouve des chocolats, des biscuits, des produits à l'érable, des vinaigrettes, des tartinades, etc. La sélection d'une trentaine de fromages québécois est elle aussi inspirante. Des bières, des gourmandises et des fromages : ça en fait une bonne place pour aller magasiner des cadeaux. Les proprios l'ont bien compris : ils vous proposent des paniers-cadeaux, mêlant bières et saveurs. À ce propos … ne manquez pas les dégustations bière et fromage, du samedi après-midi. Elles sont de plus en plus populaires.

MÉTRO BELLEMARE

Ancien Métro Joannette
349, de l'Église, Verdun
514-761-3406
Lun-ven, 8h-21h ; sam, 8h-19h ; dim, 9h-18h
Le Métro Bellemare a longtemps été
connu sous le nom de Métro Joannette.
Celui-ci s'est crée une solide réputation
en offrant une des plus grandes
sélections de bières de la province,
surtout en ce qui a trait aux produits
rares. L'ambiance familiale contribuait
également en faire un commerce
sympathique. La famille Bellemare,
nouvellement propriétaire veut
conserver les raisons du succès de son
prédécesseur : de la bonne bière et une
gestion familiale.
Autres adresses de Métro Bellemare :
94, rue Cartier, Beloeil, 450-467-2397 ;
2650, Boul. Rosemont, Montréal,
514-727-0312 ; 349 rue de l'Église, Verdun,
514-761-3406 ; 6425, Boul. Milan, Brossard,
450-445-3445 ; 2121, Boul. Lapinière,
Brossard, 450-466-6850 ;
5350, Boul. Grande-Allée, St-Hubert,
450-676-0220.

SOCIÉTÉ DES ALCCOLS DU QUÉBEC

(visitez leur site Internet pour les adresses
des succursales)
www.saq.com
On associe toujours la SAQ aux vins
et spiritueux mais la plupart des
succursales offrent également une large
sélection de bières importées. C'est
en tout une vingtaine de pays qu'on
retrouve en tablette et on est souvent
surpris de la provenance de certains
produits : Grèce, Trinidad-et-Tobago,
Nouvelle-Zélande, Suisse, Pérou,
Vietnam… de quoi faire assurément
quelques découvertes. Pour les
amateurs désirant perfectionner leurs
connaissances, la SAQ offre un cours
sur les bières alliant histoire, fabrication,
distribution et dégustation. Le cours
s'échelonne sur deux semaines à raison
de trois heures par rencontre et coûte
105 $. Avis aux bièrophiles : à mettre sur
votre prochaine liste de cadeaux de
Noël !

WILLIAM J. WALTER

1957, Mont-Royal E, Montréal
514-528-1901
www.williamjwalter.com
Lun-mer, 9h30-19h ; jeu-ven, 9h30-21h ;
sam-dim, 9h30-18h
William J. Walter propose une
soixantaine de sortes de saucisses pour
accompagner la soixantaine de bières
disponibles, ou est-ce le contraire ? Peu
importe, dans le petit local du plateau
Mont-Royal, les habitués commandent
hot-dogs et bières pour les consommer
dans le Parc des Compagnons de Saint
Laurent, situé juste en face. Les bières
les plus en vue de microbrasseries
sont celles de la brasserie Le Chaudron
International, alors qu'en importées,
c'est la Jan Van Gent (Fou de Bassan),
une bière belge à 5.5%. Le commerce
existe depuis une dizaine d'années et
détient une clientèle bien fidèle. Il y a
des succursales dans plusieurs régions
du Québec.

Et aussi :

DÉPAN-EXPRESS
1570, Fleury E, Montréal
514-387-2073

DÉPANNEUR
LA GRIGNOTERIE
1301, Saint-Zotique E, Montréal
514-274-8856

DÉPANNEUR LAURIER
1420, Laurier E, Montréal
514-523-6496

DÉPANNEUR PELUSO
2500, Rachel E, Montréal
514-525-1203

DÉPANNEUR PRIMO
101, Villeneuve O, Montréal
514-273-5178

FROMAGERIE
DU MARCHÉ ATWATER
138, Atwater, Montréal
514-932-4653

MARCHÉ A.ASSELIN
1284, Beaubien E, Montréal
514-271-7720

MARCHÉ RAHMAN –
LE PARADIS DE LA BIÈRE
151, Laurier O, Montréal
514-279-2566

MÉTRO CHÈVREFILS
LAURIER
1293, Laurier E, Montréal
514-524-8788

TABAGIE OUTREMONT
1301, Bernard O, Montréal
514-276-2810

BRASSAGE
MAISON

LA CHOPE À BARROCK
4709, Saint-Dominique, Montréal
514-282-9553

http ://choppeabarrock.com/
*Dim-lun, fermé ; mar-mer & ven, 10h-18h ;
jeu, 10h-20h ; sam, 10h-17h*
Que vous soyez un amateur ou un
professionnel, Stéphane Laroche de la
Chope à Barrock est l'homme qui vous
aidera à rendre envieux tous vos invités
lors du prochain barbecue que vous
organiserez cet été. Il est le spécialiste
des matières premières qui servent
à la fabrication de la divine mousse
et il fournit même des bièrophiles au
Nunavut ! Lorsqu'un brasseur amateur
vient s'y équiper pour la première fois,
ce maître en bières n'hésite jamais à lui
consacrer une quarantaine de minutes
de son temps pour bien expliquer les
divers rudiments essentiels à la réussite
d'un premier brassin.

MOÛT INTERNATIONAL INC.
8191, Métropolitain E, Ville d'Anjou
514-354-6281
www.biereetvin.com
Lun-ven, 8h-16h30 ; sam, 8h-13h
Une adresse bien connue des bièrophiles pour la disponibilité tout au long de
l'année de grains, levures et houblons
de très grande qualité, provenant d'un
réseau de distribution bien établi dans
plusieurs régions. Depuis 1984, Moût
International est une référence dans le
monde brassicole et fournit plusieurs
microbrasseries. Une simple visite sur
leur site Internet permet de découvrir
l'ensemble de leurs produits qu'on
commande en ligne en un seul clic.
Vous ne trouvez pas ce que vous cherchez ? Moût International le comman-
dera pour vous.

LA CACHETTE DU
BOOTLEGGER
90, Morgan, Unité 10, Baie d'Urfé
514-457-1455
www.cachettedubootlegger.ca
*Lun, fermé ; mar-mer, 10h-18h ; jeu-ven,
10h-20h ; sam, 10h-17h ; dim, 10h-16h*
Situé dans l'Ouest de Montréal,
le commerce d'Anik et Claude se
spécialise dans la vente de produits
pour la vinification et le brassage de la
bière. Le bièrophile peut s'y procurer
des kits de bières pouvant produire 23
litres (extraits de malt et moût aussi

VINEXPERT

Vinexpert est un réseau d'experts en bières et vins domestiques qui compte plus d'une cinquantaine de boutiques réparties à travers le Québec. Équipement de base, trousses de brassage maison (Barons, Coopers, Black Rock et Brew Canada), accessoires complémentaires vous permettront de faire vos premiers pas dans le monde brassicole. En plus des conseils d'experts en boutique, leur site Internet regorge d'une foule d'informations dont la documentation « étape par étape » sur la fabrication de la bière. Des questions ?

Montréal

QUÉBEC

L'Art du Vin, 3183, Sainte-Foy (Centre commercial La Colline), Sainte-Foy, 418-650-5020
L'Artisan Vinicole, 4715, des Replats, Québec, 418-627-5445
Le Brasseur Cellier, 8235, de l'Ormière, Neufchâtel, 418-847-2223
Vin et Bière Chez-Soi, 2560, Louis XIV, Beauport, 418-666-1618

ABITIBI-TÉMISCAMINGUE

L'amoureux du vin, 35, Notre-Dame O, Lorrainville, 819-625-2670
La boutique des vins, 510, 3e Avenue, Val d'Or, 819-824-9298
Le vignoble des eskers, 131, 1ère Avenue E, Amos, 819-732-3227

BAS-SAINT-LAURENT

Les breuvages écono, 48 Fraser, Rivière-du-Loup, 418-862-2270
Vin et Houblon, 10, Saint-Pierre, Rimouski, 418-724-4999

CANTONS DE L'EST

Atelier du vin C.F.B., 316, Robinson S, Granby, 450-375-2276
Les brasseurs maison, 24, Court, Coaticook, 819-849-0000
Vinestrie, 538, King E, Sherbrooke, 819-562-4551
Vinestrie, 1444, King O, Sherbrooke, 819-822-4612

CENTRE-DU-QUÉBEC

Atelier du vin Drummond, 1061, Saint-Joseph, Drummondville, 819-478-4728
Vins et bière Victo, 1-A, de Courval, Victoriaville, 819-758-3915

CHAUDIÈRE-APPALACHES

La boutique du vin Rive-Sud, 50, Kennedy, local 114, Lévis, 418-833-1320
La boutique du vin de Thetford, 127, Saint- Alphonse E, Thetford Mines, 418-335-7276
La maison de la bière, 385, 127e Rue, Saint-Georges de Beauce, 418-228-2662
Le vign'oie, 150, Sainte-Brigitte, Montmagny, 418-234-1515

GASPÉSIE

Dépanneur de la Petite Rivière, 338, Saint-Edgar, New Richmond, 418-392-6607
L'ami des vignerons, 111, Saint-Antoine, Matane, 418-562-8730
Marché des saveurs gaspésiennes, 119, de la Reine, Gaspé, 418-368-7705

LANAUDIÈRE

La cuve à vin de Joliette, 624, de Lanaudière, Joliette,

450-759-3601
La cuve à vin de Repentigny,
358, Notre-Dame, Repentigny, 450-582-4478
La cuve à vin de Terrebonne,
1286 Montée Masson, Terrebonne, 450-471-2020

LAURENTIDES
À la bière fontaine Pierre Savard, 104, Morin, Sainte-Agathe-des-Monts, 819-326-9459
Les plaisirs du vin, 98, Grande-Côte, Boisbriand, 450-437-8467
Les vignobles d'ici, 608, Saint-Georges, Saint-Jérôme, 450-432-2034

LAVAL
Le domaine du vin, 155, des Laurentides, 450-629-7929
Le domaine du vin, 4721, des Laurentides, 450-662-3200
Les vignes de Laval, 4921, Arthur-Sauvé, 450-627-4343

MAURICIE
Atelier du vin de Grand-Mère,
1298, 6e Avenue, Grand-Mère, 819-538-8807
Cuve à vin maski, 24, Marcel, Maskinongé, 819-227-1671
Vigne et houblon chez-soi, 5437, des Forges, Trois-Rivières, 819-378-5356

MONTÉRÉGIE
Benvin, 77, D'Anjou, Châteauguay, 450-692-5756
La Boîte à Vin, 277, Fiset, Sorel-Tracy, 450-743-4908
Le Vignoble de Beloeil, 286, Laurier, Beloeil, 450-464-7489
Les Artisans du Vin, 66, Saint-Pierre,
Saint-Constant, 450-632-606
Les Vins De Chais-Vous, 256,
Saint-Jacques, Saint-Jean-sur-Richelieu, 450-348-1354
Les Vins Élégant, 3100 route Harwood #25, Centre d'achat Hudson, Vaudreuil-Dorion,
450-424-5222
Maître des Vins et Bière, 580, Hôtel Dieu, Saint-Hyacinthe, 450-773-8477

OUTAOUAIS
Club d'Eau Plus, 640, de la Gappe, Gatineau, 819-246-2666
SAGUENAY-LAC-SAINT-JEAN
La Cuvée des Artisans, 3776, de Montcalm, Saguenay (Jonquière), 418-695-1918

appelés concentrés), des ensembles de départ et équipement, des additifs (adjuvants, clarifiants, solution à faux cols et produits pour traitement de l'eau), des céréales, houblons et levures, ainsi que tout l'équipement nécessaire pour servir la bière en fût. Pour compléter votre attirail de bar, pintes à l'effigie du Bootlegger ou des grandes bières irlandaises, horloges et enseignes de pub, serviettes de bar et dessous de verre correspondants, de quoi bien s'équiper pour les 5 à 7 entre amis à la maison.

Et aussi :

BENVIN
428, Lafleur, Centre d'achats Place Lafleur,
Ville LaSalle, 514-365-5132

HOBBY BIÈRE ET VIN
3671, St-Jean, Dollard-des-Ormeaux,
514-696-6780

LA CUVE À VIN ANJOU
6384, Beaubien E, 514-354-8020

LA SUPER CUVE À VIN DE L'EST
12874, Sherbrooke E, 514-642-6520

PRATIQUE

OFFICE DU TOURISME DE QUÉBEC

399, Saint-Joseph E, Québec
418-641-6654 / 1-877-783-1608
www.quebecregion.com

MICRO-BRASSERIES

MICROBRASSERIE D'ORLÉANS

3887, Royal, Sainte-Famille, Île d'Orléans
418-829-0408
www.microorleans.com
Aucune visite des installations brassicoles.
L'Île d'Orléans compte désormais parmi les arrêts obligés de la Route des Bières du Québec. Projetée à la base comme ferme brassicole, c'est une microbrasserie qui a finalement vu le jour après plusieurs mois de maturation. La première pinte de bière artisanale a été servie en juin 2006 à leur salon de dégustation, le Pub Le Mitan (voir section « bars spécialisés et pubs » de cette région). Depuis, plusieurs recettes ont été développées par le maître brasseur » Aujourd'hui, huit sont disponibles en bouteille, sans compter les quelques cuvées spéciales disponibles uniquement pour dégustation sur place.

Les bières de la microbrasserie d'Orléans sont toutes naturellement brassées avec une eau minérale puisée au cœur de l'île.

SCOTCH ALE, 7.8 %
Ale brune aux reflets rougeâtres, cette bière forte offre des arômes au début plus fruités et ensuite, de malt caramel, grains rôtis et chocolat noir. En bouche, on sent bien l'alcool mais le tout est adouci par le côté sucré du caramel et de la tire et se termine sur des notes de fumé et de rôti.

SORCIÈRE ROUSSE,
ALE ROUSSE, 5 %
D'une robe rouge sombre, cette ale offre des arômes fruités (cerises, canneberges...) mêlés au chocolat et au beurre de caramel. En bouche, un goût de fruit rouge et de caramel avec une douce amertume qui termine bien le tout.

LA BARBERIE

310, Saint-Roch, Québec
418-522-4373
www.labarberie.com
Préalablement brasseurs maison, Mario Alain, Bruno Blais et Todd Picard créent en 1995 ce qui allait devenir une référence québécoise dans les bières artisanales : la coopérative de travail La Barberie. Un premier brassin, une rousse légère et fruitée, est concocté en mai 1997 et quelques mois plus tard, c'est l'ouverture du salon de dégustation adjacent à la brasserie (voir section « bars spécialisés et pubs » de cette région).

La Barberie produit des bières de haute fermentation sur mesure pour les bars, les restaurants et les cafés. Son système de brassage à petit volume, soit 200 litres par brassin, lui permet une grande flexibilité de produits, bien adaptés aux différents besoins et types de clientèle de chacun de ses clients. À la suite du succès de ses bières pression ne pouvait suivre qu'un projet d'embouteillage, ce dernier permettant de retrouver les excellentes bières de La Barberie chez nos détaillants spécialisés depuis plusieurs années déjà.

Désireux de jouer un rôle dans le développement de l'économie sociale locale, les brasseurs ont développé la Brasse-Camarade, une rousse forte sur lie à 6.5%, dont un pourcentage des ventes est versé au Fonds d'emprunt économique communautaire de Québec pour le financement de projets viables dans la communauté. Ayant elle-même bénéficié d'un programme de soutien financier communautaire, La Barberie est un bel exemple de réussite.

ROUSSE BITTER,
ALE ROUSSE, 4.5 %
Une appétissante bière voilée, orangée-cuivrée, surmontée d'une mousse peu abondante mais, formée de minuscules

bulles produisant un tapis très dense. Un nez très agréable de fruits, d'agrumes, de malt et de miel. Une bière très fruitée, relativement légère, avec une bonne dose de levures. Son amertume semble un peu paresseuse mais c'est pour mieux nous tromper. Une fois installée, elle est franche (mais non agressive) et dure longtemps.

STOUT IMPERIAL, ALE NOIRE, 7.5%

Sa robe, que l'on croit noir opaque, présente en fait une teinte brune qui devient visible en approchant le verre. Des arômes de grains grillés et d'alcool sont facilement perceptibles. En bouche, un retour de saveurs de grains grillés sur de délicates mais surprenantes saveurs rappelant la pomme verte. Une touche de beurre de caramel signale sa présence et laisse le plancher à une amertume de grains grillés bien homogénéisée avec celle du houblon.

BRASSERIES ARTISANALES

ARCHIBALD

1021, du Lac, Lac Beauport
418-841-2224
www.archibaldmicrobrasserie.com
Lun-ven, 11h-3h ; sam-dim, 7h30-3h

L'Archibald, c'est un projet que François Nolin avait en tête depuis un bon moment, lui qui est également propriétaire du restaurant La Pointe des Amériques. Ce dernier, situé sur la place d'Youville, avait habitué les clients de la vieille capitale à une cuisine inventive qui sait stimuler l'imaginaire autant que les papilles gustatives, avec ses saveurs multicolores comme celles de la pizza au poulet Général Tao ou à l'Alligator de Louisiane.

C'est maintenant chose faite : l'Archibald a vu le jour il y a quelques années et reste depuis une adresse bien connue des bièrophiles. Sylvain Desaulniers et Yves Bergeron, les maîtres brasseurs, nous proposent sept recettes allant de la blanche à la brune, en passant par la pilsner et la porter.

Côté boustifaille, le chef Olivier Blais propose chaque jour une table d'hôte où grillades, poissons, pâtes et pizzas accompagnent à merveille les différentes bières figurant au menu. Des plats plus légers et un menu du midi sont également disponibles, sans oublier leurs fameux déjeuners du week-end où crêpes, gaufres, pains dorés, omelettes et autres petits délices contribuent à bien commencer la journée.

Outre leur calendrier de spectacles bien chargé à l'année, le site est magnifique, la brasserie également, en plus de posséder une superbe terrasse pour les belles journées d'été. Bref, une adresse à découvrir si ce n'est pas déjà fait !

LA CHOUTTE, ALE PORTER, 5.5%

La Choutte, de couleur rubis foncé, offre des arômes fumés et de houblon laissant entrevoir une bière corsée. Dès

L'INOX, MAÎTRES BRASSEURS

37, Quai Saint-André,
Vieux-Port de Québec, Québec
418-692-2877
www.inox.qc.ca
Lun-dim, 12h-3h

Vingt ans déjà... vingt ans que la bière artisanale de l'Inox trône dans le Vieux-Port de Québec au plus grand bonheur des amateurs. Déco stylisée, ambiance fort agréable, bières de spécialité, une cuisine « sur le pouce » avec notamment une assiette de fromages artisanaux du Québec, des expositions d'art visuel et autres événements... on comprendra rapidement pourquoi cette place est si fréquentée.

Cinq bières font partie du menu régulier de l'Inox dont la Trouble-Fête, une blanche au parfum de coriandre, et la Trois de Pique, une rousse au goût de malt caramel. Au fil des mois, six saisonnières se relaient selon les humeurs et les périodes de l'année : une bière à saveur d'érable au début du printemps, une aromatisée aux herbes et à l'écorce d'orange en été, une noire pour se réchauffer lors de la froide saison... à chaque période sa bière !

CREAMINALE,
CREAM ALE, 5%

Première création officielle du brasseur Jean Lampron, cette bière saisonnière de couleur ambrée est élevée et servie sur lie à la manière des blanches belges. Mais elle reste traditionnelle à ce qu'on s'attend d'une cream ale anglaise : amère et crémeuse à souhait.

la première gorgée, on est surpris par son malt chocolaté et un houblonnage discret qui balancent bien l'amertume. À marier avec des grillades à caractère fumé ou des fromages corsés.

LA JOUFFLUE,
BLANCHE, 4.5%

Très rafraîchissante comme la plupart des bières blanches, la Joufflue offre au nez des parfums d'agrumes et de coriandre qui se retrouvent également en bouche, accompagnés d'une légère amertume.

TROUBLE-FÊTE,
BLANCHE, 5%

Cette blanche au subtil parfum de coriandre fut des toutes premières bières servies par l'Inox et reste depuis une des plus populaires. Au nez, en plus de la coriandre, on détecte également un doux arôme légèrement fruité et en bouche, on est surpris par la pêche et une touche de blé et d'agrumes.

BARS SPECIALISÉS ET PUBS

BAL DU LÉZARD

1049, 3e Avenue, Limoilou
418-529-3829
www.lebaldulezard.com
Lun-dim, 14h-3h

On va au Bal pour son ambiance décontractée, son sourire contagieux, ses hot-dogs européens et pizzas, ses expositions d'art visuel, ses spectacles, sans oublier ses spéciaux quotidiens sur la bière importée et de microbrasserie québécoise de 14h à 19h. La microbrasserie La Barberie y propose d'ailleurs trois bières pression en exclusivité. S'y ajoute un menu d'une trentaine de bières importées.

BAR SAINTE-ANGÈLE

26, Sainte-Angèle, Québec
418-692-2171
Lun-dim, 20h-3h

Traditionnellement fréquenté par une clientèle jeune, ce bar attire aussi les plus de 25 ans. À notre avis, le cadre participe à cet engouement. Des lampes créent une lumière tamisée ; les boiseries, les vitraux antiques, les pierres et les fauteuils aux tons pourpres instaurent une ambiance intime. La maison est spécialisée dans les cocktails, les bières importées et de microbrasseries québécoises. Un bon endroit où terminer la soirée tout en douceur.

CAFÉ AU TEMPS PERDU

867, Myrand, Sainte-Foy
418-681-5601
Lun-ven, 10h-1h ; sam-dim, 11h-1h

Au Temps Perdu est un petit bistro très charmant, tout près de l'Université Laval, où se rallient amateurs de cafés et de bières. Qu'elles soient allemandes, belges, autrichiennes, danoises ou québécoises, elles sont en tout plus d'une centaine à trôner sur la carte de bières. Faire un choix peut vite devenir complexe ici mais, les spéciaux du 4 à 7 en semaine peuvent aider à prendre une décision ! Pour manger, midi et soir piochez un plat au menu de type cuisine bistro française ou la fin de semaine un de leurs fameux déjeuners.

L'ONCLE ANTOINE

29, Saint-Pierre, Québec
418-694-9176
Lun-dim, 11h-2h (en été : lun-dim, 10h-3h)

À la tombée du jour, L'Oncle Antoine accueille surtout une clientèle d'habitués constituée des jeunes qui travaillent dans les restaurants du Petit Champlain et des alentours. Pendant l'après-midi, ce sont surtout les touristes qui viennent profiter de la terrasse de ce quartier très prisé. L'intérieur du bar, deux grandes voûtes circulaires, vaut le détour à lui seul. On peut facilement deviner qu'à l'époque l'endroit servait aux chevaux. En hiver, le contraste de la chaleur du grand feu de cheminée avec le vent froid donne à ce petit bar une ambiance marine qu'on aime beaucoup. Pour accompagner

la quarantaine de sortes de bières disponibles, hot dog, nachos et autres repas légers sont servis jusqu'au début de la soirée.

LA BARBERIE
310, Saint-Roch, Québec
418-522-4373
www.labarberie.com
Lun-dim, 12h-1h
Ouvert depuis une dizaine d'années, le salon de dégustation de l'excellente microbrasserie La Barberie permet aux bièrophiles de découvrir une sélection de huit bières qui varient au fil des saisons. Si vous voulez goûter à toutes, deux formats de carrousel (huit galopins ou huit verres) viendront assouvir votre soif de découverte. Comble de bonheur, on peut se procurer de la bière pression en vrac, à rapporter à la maison. Côté ambiance, on s'y plaît assurément et les événements organisés sont une valeur ajoutée à La Barberie : cours d'initiation à la dégustation, lancements et expositions d'art visuel, peinture en direct, festivités pour la Ste-Barbe (!)...

LA NINKASI DU FAUBOURG
811, Saint-Jean,
Faubourg Saint-Jean-Baptiste, Québec
418-529-8538

www.ninkasi.ca
Lun-dim, 15h-3h (dès midi en saison estivale)
Ninkasi fut la première divinité associée à la bière mais c'est également une toute nouvelle adresse pour les bièrophiles de la vieille capitale. Située à cinq minutes des fortifications du Vieux-Québec, la Ninkasi mise sur la culture québécoise, tant au niveau des bières que de son contenu artistique et événementiel. Au menu, on dénombre près de 200 sortes de bières de microbrasseries québécoises... impossible de ne pas trouver ce que vous cherchez ! Des vins et spiritueux fabriqués par des artisans d'ici figurent également sur la carte des alcools. L'hiver, on déguste sa pinte devant un bon match du tricolore diffusé au bar et l'été, c'est sur la terrasse qu'on s'installe sans se faire prier.

PUB LE MITAN
3887, Royal, Sainte-Famille, Île d'Orléans
418-829-0408
www.microorleans.com
Lun-mar, fermé ; mer-ven, 17h-1h ; sam-dim, 12h-1h (du 15 mai au 1er novembre : lun-dim, 12h-1h)
Situé dans la charmante résidence centenaire de la famille Prémont, sur les lieux mêmes de la microbrasserie

d'Orléans, le Pub Le Mitan propose d'excellentes bières maison, à l'unité ou en palette de dégustation. Comme tout bon salon de dégustation d'une microbrasserie, des bières exclusives sont disponibles au gré des saisons. Côté menu, Le Mitan concocte des plats se mariant très bien à la bière comme les saucisses, la choucroute, la coquille St-Jacques ou le filet de porc en sauce. En été, laissez-vous séduire par la beauté du paysage sur leur magnifique terrasse avec vue sur le fleuve et la Côte-de-Beaupré.

PUB SAINT-ALEXANDRE

1087, Saint-Jean, Québec
418-694-0015
www.pubstalexandre.com
Lun-dim, 11h-3h
Cet authentique pub anglais est un des lieux fort chaleureux de la vieille ville avec ses boiseries d'acajou, de vieux miroirs, un foyer et un bar long d'une douzaine de mètres. Sa carte d'alcools fera grand plaisir aux amateurs de bières importées (plus de 200 marques provenant d'une vingtaine de pays !) et de scotchs (une quarantaine !). La Belgique fait bonne figure avec une cinquantaine de bières proposées allant des bières trappistes aux gueuzes. Accompagnez le tout d'une de leur excellente choucroute macérée sur place ou d'une grillade et vous comprendrez vite pourquoi cet endroit est si apprécié.

PUB LE SAINT-PATRICK

1200, Saint-Jean, Québec
418-694-0618
Lun-dim, 11h30-fermeture (variable selon l'affluence)
Pour festoyer et déguster une pinte de Guinness au son des violoneux, le pub irlandais Le Saint-Patrick est

l'endroit tout désigné, en plein cœur du Vieux-Québec. Les salles, construites dans d'anciennes voûtes datant de 1749, accueillent les visiteurs pour un repas, une bonne pinte et surtout, une excellente atmosphère. Au menu, une bonne sélection de bières (surtout du côté des importations) et de scotchs et whiskies. À noter : les vendredis et samedis soirs dès 21h30, un violoniste joue des airs traditionnels d'Irlande. Un incontournable lors des festivités de la fête de Saint-Patrick !

PUB THOMAS DUNN

369, Saint-Paul, Québec
418-692-4693
Lun, 11h-minuit ; mar-ven, 11h-1h ; sam, 10h-1h ; dim, 10h-minuit
Les jours de pluie, on se croirait dans un pub de Dublin ou de Glascow. L'acajou, les 150 bières proposées et les 75 marques de whiskey, dont la plupart sont écossaises, nous transportent de l'autre côté de l'Atlantique. Pourtant, on est bel et bien dans notre bonne vieille capitale ! Notre suggestion d'accompagnement avec ce beau pub à l'atmosphère conviviale : un 5 à 7 jasette autour d'une pinte de bière et d'une choucroute maison.

RESTAURANTS SPÉCIALISÉS

RESTAURANT DE L'AUBERGE AUX DOUCEURS BELGES

4335, Michelet, Québec
418-871-1126 / 1-800-363-7480
www.douceursbelges.ca
Lun-ven, 11h-22h ; sam, 17h-22h ; dim, fermé
À l'auberge, c'est comme une escapade

Québec

en Belgique, avec des spécialités et des bières belges qui font honneur au plat pays. C'est en tout près de 175 bières de toutes les couleurs et saveurs qui figurent au menu pour se marier aux moules et frites, boulets liégeois et carbonnades flamandes, pour ne nommer que ceux-ci. Et si vous abusez des bières belges, réservez une de leurs deux chambres champêtres ! La maison possède un magnifique jardin et une terrasse toute ensoleillée pour les belles journées d'été.

MÔSS BISTRO-BELGE
255, Saint-Paul, Québec
418-692-0233
Lun-dim, 11h-23h
Qui dit Belgique dit moules et frites, bières et chocolats... les incontournables quoi ! Et on est bien servi au Môss avec 14 variétés de moules et une sélection incomparable de bières belges, à déguster dans ce décor charmant du Vieux-Québec. Pour ceux qui ne veulent pas se casser la tête, le Moule-Frites-Bière offre l'expérience gustative « à la belge ». Et pour ceux moins tentés par les produits de la mer, le tartare de filet de bœuf, le steak-frites à la dijonnaise et au poivre noir, ou la bavette de veau au miel épicé viendra sans nul doute combler les petits creux. Comment terminer l'expérience en beauté ? Les mignardises chocolatées ou l'assiette de fromages accompagnée de porto Tawny en fera sourire plus d'un !

DÉPANNEURS ET MARCHÉS D'ALIMENTATION

DÉPANNEUR DE LA RIVE
4328, Saint-Félix, Cap-Rouge
418-653-2783
www.depdelarive.com
Lun-sam, 7h-23h ; dim, 8h-23h
Le Dépanneur de la Rive figure dans le carnet d'adresses des bièrophiles de la province et pour cause : plus de 300

bières se retrouvent sur les tablettes de ce commerce, sans compter une des plus belles collections de verres à bières au Québec. Désireux d'être une référence en la matière, le propriétaire, Danny Chabot, offre de nombreux services connexes au monde de la bière : dégustations sur place tous les week-ends, prix spéciaux pour les grosses commandes de bières, ensemble de bières rares pour les dégustations maison au meilleur prix en ville, etc. Si vous n'êtes toujours pas convaincus, une visite sur leur site Internet vous permettra de constater l'ampleur du choix offert.

Et aussi :

ACCOMODATION 7 JOURS
552, Père Grenier, Québec
418-523-4082

ACCOMODATION CHALOU
1013, Lapierre, Québec
418-845-9448

ACCOMODATION SAINT-AMBROISE
55, Légaré, Loretteville
418-843-0253

DÉPANNEUR LA DUCHESSE D'AIGUILLON
601, d'Aiguillon, Québec
418-647-2972

ÉPICERIE DE LA RUE COUILLARD
27, Couillard, Québec
418-692-3748

LE MONDE DES BIÈRES
230, Marie-de-l'Incarnation, Québec
418-686-2437

Régions

ABITIBI-
TÉMISCAMINGUE

PRATIQUE

TOURISME ABITIBI-TÉMISCAMINGUE
155, Dallaire, Bureau 100, Rouyn-Noranda
819-762-8181 / 1-800-808-0706
www.48nord.qc.ca

DÉPANNEUR

DÉPANNEUR CHEZ GIBB
25, Principale, Évain
819-768-2954
www.depabiere.com
Lun-ven, 6h30-23h ; sam, 8h-23h ; dim, 9h-23h
Jacques et Laurette Gibson ont ouvert leur commerce en 1986 mais ce n'est qu'en 2004 qu'il est devenu une vitrine des produits de microbrasseries québécoises. Le choix s'étend devant nos yeux à tout près de 300 bières locales sans oublier les produits connexes tels les verres de dégustation. Bièropholie brasse d'ailleurs une bière personnalisée pour ce dépanneur : l'Azimut B.1. Pour un accord mets et bières, Chez Gibb collabore avec La Maison des Viandes de Rouyn-Noranda afin d'offrir des viandes fraîches, de la charcuterie et des fromages de la région.

Le Groupe Geloso achète Belgh Brasse

Le Groupe Geloso, connu pour ses boissons à faible teneur en alcool comme les bières Bowes et les Poppers, vient d'acquérir la brasserie Belgh Brasse, située à Amos en Abitibi. Les nouveaux propriétaires conserveront la brasserie à Amos afin de contribuer au développement économique de la région mais également, en raison d'un de ses grands atouts : son eau douce. Étant une des plus pures au monde, elle ne nécessite aucun traitement. De plus, l'usine déjà en place est à la fine pointe de la technologie.

La bière blonde Taïga, brassée par Belgh Brasse, sera distribuée dans l'ensemble du marché canadien et américain. Le Groupe Geloso prévoit également de nouvelles cuvées spéciales pour le marché québécois et pour l'importation.

Pour plus d'informations sur le Groupe Geloso : www.groupegeloso.com

Régions

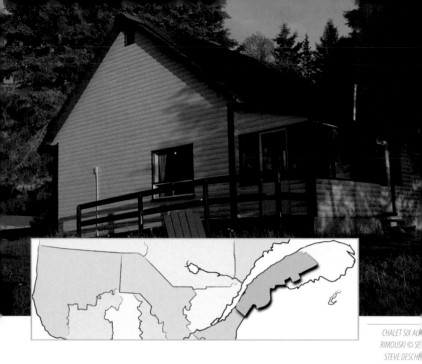

BAS-SAINT-LAURENT

PRATIQUE

TOURISME BAS-SAINT-LAURENT
148, Fraser, Rivière-du-Loup
418-867-1272 / 1-800-563-5268
www.tourismebas-st-laurent.com

MICROBRASSERIE

MICROBRASSERIE BREUGHEL
68, Route 132, Saint-Germain de Kamouraska
418-492-3693
www.breughel.com
Ouvert tous les jours en été, 10h-19h (12h-19h entre la Fête du Travail et l'Action de Grâces). En dehors de cette période, il est préférable de prendre rendez-vous pour une visite des installations et l'accès au salon de dégustation.
Située dans un décor enchanteur du Bas-du-Fleuve, la microbrasserie Breughel est la création du belge Bruno Baekelmans. Celui-ci possédait une brasserie à Dakar au Sénégal avant de rencontrer la femme qui le fit venir à Saint-Germain de Kamouraska. Les bières sont brassées selon la tradition des brasseries artisanales belges et les ingrédients sont soigneusement choisis : orge, blé, levures de haute fermentation, sucres et houblons fins. Il en résulte des bières naturelles non-filtrées, aux arômes riches et puissants, à grande valeur nutritive.
Breughel produis neuf bières en bouteilles, disponibles de Sainte-Anne-des-

Monts à Gatinveau. Il est également possible de les déguster sur place. Pour plus d'informations sur le salon de dégustation, référez-vous à la section « Bars-bistro-resto spécialisés » de cette région.

KAMOUR, BLANCHE, 4.5%

Une excellente bière blanche, brassée de manière artisanale et refermentée en bouteille. Une bière de caractère plutôt léger, au bouquet riche en alcools aromatiques, avec une touche de coriandre et de curaçao.

ST-PACÔME DE KAMOURASKA, GUEUZE À LA FRAMBOISE, 5%

La Saint-Pacôme est une gueuze à la framboise. C'est une douce bière aux fruits qui se laissera facilement apprécier en apéritif ou lors d'un chaud après-midi d'été.

BARS, BISTROS, RESTOS SPECIALISÉS

MICROBRASSERIE BREUGHEL

68, Route 132, Saint-Germain de Kamouraska
418-492-3693
www.breughel.com
Ouvert tous les jours en été, 10h-19h (12h-19h entre la Fête du Travail et l'Action de Grâces). En dehors de cette période, il est préférable de prendre rendez-vous pour une visite des installations et l'accès au salon de dégustation.

Le salon de dégustation de la microbrasserie offre toute sa gamme de produits embouteillés en plus de quelques bijoux seulement disponibles sur place : bière aux prunes de Damas, gueuze vigneronne composée de 10% de moût de raisin, c'est selon l'humeur du brasseur. Pour ceux qui hésitent ou ceux qui veulent goûter à tout, les « Palettes du Peintre Breughel » contiennent chacune cinq verres de dégustation. Il est possible d'acheter les bières qui nous ont séduites pour les ramener à la maison et les faire découvrir aux amis.

Pour les petits creux, il est suggéré d'apporter son lunch. Sinon, pain et cheddar à la gueuze sont proposés, gracieuseté de la boulangerie Nieman de Kamouraska et de la fromagerie Le Détour de Cabano.

RESTO PUB L'ESTAMINET

299, Lafontaine, Rivière-du-Loup
418-867-4517
www.restopubestaminet.com
Lun-mer, 7h-minuit ; jeu-ven, 7h-1h ; sam, 8h-1h ; dim, 8h-minuit
Le terme estaminet, surtout employé en Europe, signifie petit café ou modeste débit de boissons. Dans le Bas-Saint-Laurent, on retrouve cette même ambiance intime et chaleureuse dans ce petit bistro. Steaks, sautés Thaï, paninis, pizzas... le tout couronné de porto et fromages, d'une gaufre fruitée ou d'un café flambé, le menu nous met définitivement l'eau à la bouche. Côté houblon, le choix s'étend à plus de 150 bières ! À déguster lors des spéciaux

Régions

Maltbroue, un malt de spécialité 100% régional

Le maltage consiste à reproduire le développement naturel d'une céréale. Celle-ci devient alors une céréale contenant des sucres fermentescibles, transformés ensuite en alcool par l'opération de fermentation. Ce malt est utilisé dans une proportion variant de 1 à 20% des céréales requises pour un brassin. Il lui confère un arôme, une couleur et un goût uniques.

Offrir un malt de spécialité aux microbrasseries québécoises, fabriqué dans une ferme familiale, de façon écologique, c'est cela Maltbroue. Les instigateurs du projet, Dany Bastille et Cindy Rivard, ont opté pour la fabrication en plus petites quantités, ce qui permet contrôles et ajustements pour l'obtention d'un produit plus stable, de qualité, adapté aux besoins des brasseurs d'ici.
Les deux entrepreneurs ont découvert les technique de maltage de l'orge lors d'un voyage de perfectionnement et d'études en Belgique, périple qui les a amenés à rencontrer des experts en la matière (malteurs, laboratoires d'analyse, centres de recherche).

Maltbroue, un projet innovateur à dimension humaine et environnementale qui bénéficiera à toute la région !

Pour plus d'informations : www.maltbroue.com

du « super 4 à 7 » et pourquoi pas, avec leurs délicieuses moules à volonté. Ils servent également des petits-déjeuners gargantuesques tous les jours jusqu'à 11h, 15h le week-end.

DÉPANNEURS ET MARCHÉS D'ALIMENTATION

DÉPANNEUR JESSOP
365, Jessop, Rimouski
418-724-6212
Lun-ven, 6h-minuit ; sam-dim, 7h-minuit
Au Dépanneur Jessop, la bière de microbrasserie québécoise est à l'honneur. À l'unité, en caisses ou en paquets-cadeaux, avec ou sans verres de dégustation, les bièrophiles y trouveront leur bonheur avec les bières des Trois Mousquetaires, de Brasseurs et Frères, Multi-Brasses, de la Microbrasserie d'Orléans, de Maître Brasseur ou de La Barberie, pour ne nommer que celles-ci. La sélection de bières importées est aussi très diversifiée alors chers amateurs, retenez cette adresse si vous êtes de passage dans la région !

Et aussi :

MÉTRO LEBEL
615, 1ère Rue, La Pocatière
418-856-3827

© SUTTON

CANTONS-DE-L'EST

PRATIQUE

TOURISME CANTONS-DE-L'EST
20, Don Bosco S, Sherbrooke
819-820-2020 / 1-800-355-5755
www.cantonsdelest.com

MICROBRASSERIES

LE LION D'OR
2896, Collège, Lennoxville
819-562-4589
www.lionlennoxville.com
Visite des installations brassicoles sur réservations seulement. Pour plus d'informations sur le pub du Lion d'Or, référez-vous à la section « Bars-bistro-resto spécialisés » de cette région.
Deuxième microbrasserie à voir le jour au Québec en 1986, quelques semaines à peine après la brasserie Massawippi, le Lion d'Or trône toujours à côté de l'université de Lennoxville. Ses ales sont brassées seulement avec les meilleurs ingrédients combinés à l'eau de source naturelle de Lennoxville. Propriété d'un homme pour qui la joie de vivre l'emporte sur les profits records, la microbrasserie ne fournit en bières que sa région immédiate, mis à part quelques détaillants spécialisés à Montréal et les environs et à Trois-Rivières.

LION'S PRIDE,
ALE BRUNE, 4.8%

Une superbe ale d'inspiration britannique aux reflets rougeâtres. De très agréables et complexes arômes de malt rôti, houblon frais et caramel ; une présence en bouche de malt caramel, caramel brûlé et grain rôti suivi d'une amertume agréable, nullement agressive.

BISHOP'S BEST BITTER,
ALE BITTER, 4.8%

Une ale cuivrée dédiée aux amateurs de houblon. De légères notes de fruits et de houblon floral caractérisent les arômes. En bouche, le houblon domine, parsemé d'une douce saveur de malt caramélisé. L'amertume est longue, agréable et le houblon semble ne pas vouloir quitter les papilles !

BRASSERIE LE CHAUDRON INTERNATIONAL

92, boul. Bromont, Bromont
514-276-0744
www.brasserielechaudron.com
Visite de la brasserie sur rendez-vous seulement.

La microbrasserie qui a longtemps été situé à Montréal a déménagé depuis peu dans les Cantons-de-l'Est. Le Chaudron a été fondée par Peter Matheson et Ken Wilson en 1998. À l'époque, la microbrasserie était arrivée comme un vent de fraîcheur dans l'industrie québécoise, avec des produits d'une qualité inusitée, comme la Chanvre Rouge qui en avait surpris plus d'un lors de son apparition sur les tablettes en l'an 2000. D'ailleurs, la Québécoise, bière blonde à 5%, se fait la parfaite complice des chaudes soirées d'été. Pour les temps plus frais, on opte définitivement pour la Cobra, bière fortement houblonnée aux arômes de caramel.

Depuis 2004, c'est Paul Wilson et Jean Comptois qui sont à la tête de ce qui est devenu Le Chaudron International.

CHANVRE ROUGE,
ALE ROUSSE, 5%

La première bière au chanvre à être embouteillée au Québec est une ale, à la robe rubis, qui offre un collet respectable. La Chanvre rouge a un nez complexe de malt, de chanvre, de caramel et de noix. Elle présente d'agréables saveurs en bouche avec des notes de houblon et de grains de chanvre qui se mélangent avec le malt et le caramel, le tout étant très bien balancé. S'ensuit une amertume bien présente.

LOGIQUE, ALE BLONDE, 5%

Cette bière biologique, d'un jaune clair quasi limpide, est pétillante, douce et désaltérante. Des arômes de houblons floraux, légèrement fruités et épicés, se retrouvent aussi en bouche. On peut également noter la présence subtile d'herbes, de miel et citron. Il n'y a pratiquement aucun arrière-goût.

BRASSEURS ET FRÈRES

3809, Principale, local 104, Dunham
450-295-1500
www.betf.ca

Trois frères, menés par la passion du brassage, ont créé ce petit bijou. La microbrasserie encourage fortement l'économie locale en impliquant les artistes du coin aux projets de l'entreprise : design intérieur du salon de dégustation, design des étiquettes de bières, spectacles, soirées de contes, vernissages et expositions d'art visuel, etc.

Côté houblon, une dizaine de bières sont brassées, dont cinq offertes dans de nombreux points de vente au Québec, les autres étant pour dégustation au PUBlic House, pub attenant à la brasserie. Pour plus d'information sur le PUBlic House, référez-vous à la section « Bars-bistro-resto spécialisés » de cette région. Il est possible de visiter les installations brassicoles, le tout accompagné d'une dégustation des bières Brasseurs et Frères pour le coût modique de 5$ par personne. Notez qu'il faut constituer un groupe d'au moins dix personnes et réserver à l'avance.

De l'Ale Bitter à la noire onctueuse, en passant par la Scotch Ale, nos papilles seront comblées ! L'automne venu, une bière de saison à la citrouille fait son apparition sur les tablettes, la Trouille. Cette dernière a remporté de nombreux concours dont une première place canadienne.

LA RÉCIDIVE,
ALE NOIRE, 4.8%
Une magnifique noire opaque aux arômes sucrés de chocolat et une note de café torréfié. En bouche, c'est le pur délice : malt torréfié, chocolat, mélasse, une touche de vanille... Un goût sucré qui balance bien avec l'amertume qui termine l'expérience en douceur. On décèle à la toute fin un goût de café qui persiste un moment.

MORT DE RIRE,
ALE BRUNE, 5%
D'un brun doré, cette bière refermentée en bouteille nous offre un parfum de noisettes et de malt torréfié. En bouche, elle pétille avec un goût sucré de caramel et une touche de houblon qui font leur entrée en laissant derrière une légère amertume et une douce torréfaction.

LES BRASSEURS DU HAMEAU
6, des Bois-Verts, Ham-Sud
819-877-2201
www.lesbrasseursduhameau.ca
Cette « nanobrasserie », mérite son surnom : c'est la plus petite brasserie au Canada. Ce qui caractérise cette entreprise artisanale réside dans le procédé de fabrication de la bière qu'elle utilise : la brasserie à étages. C'est une ancienne technique qui fonctionne par gravité en mettant à contribution les quatre étages de la fabrique d'Ham-Sud. Pour la fermentation, elle se fait sous verre dans des dames-jeannes de 50 litres.

Son maître brasseur, Normand Vigneault, œuvre dans le domaine de la bière depuis plus de dix ans et sa passion l'a amené à développer de nouvelles recettes en plus de la blonde et de la rousse qui étaient les premières bières de la microbrasserie. Dorénavant, Les Brasseurs du Hameau offre de nombreux produits, dont la D'Ham blonde, ambrée, rousse, brune et noire, toutes sur lie et disponibles chez les détaillants spécialisés. D'autres, comme le Noire à l'orange, la Rousse à l'érable, ou la Brune aux prunes, sont des étoiles filantes selon la saison ou l'humeur du brasseur.

Un petit salon de dégustation ainsi que des visites guidées des installations brassicoles permettent aux visiteurs de se familiariser avec la fabrication de la bière et bien entendu, d'en profiter un peu pour goûter aux excellentes bières artisanales D'Ham.

D'HAM AMBRÉE,
ALE AMBRÉE, 5.5%
Une belle bière d'un orangé voilé avec un collet beige assez persistant. Au nez, des arômes de malt, d'herbes et un brin de caramel… peut-être même un peu fruité. Ces arômes se retrouvent en bouche avec en plus de belles notes épicées et houblonnées. L'amertume est bien balancée et perdure un peu. Il est à noter qu'on retrouve cette bière également sous le nom de La Délirante.

D'HAM NOIRE,
ALE NOIRE, 5.5 %

Petit plaisir gourmand… une noire délicieuse pour notre plus grand bonheur ! Sa robe, noire d'apparence, est en fait d'un rouge très foncé si on regarde bien. Au nez, malt rôti, un peu de réglisse noire, de chocolat, peut-être même de levures fruitées comme les cerises noires. En bouche, une texture moyennement crémeuse et définitivement moins sucrée que l'arôme n'en laissait présager. On sent également des notes fumées boisées et de chocolat noir avec un arrière-goût de café, de houblon herbeux et de noix. À essayer !

MICROBRASSERIE LE GRIMOIRE

223, Principale, Granby
450-372-7079
www.brasseriegrimoire.com
Visite de la microbrasserie sur réservation ou si les brasseurs sont présents et disponibles lors de votre passage au pub.
On les appelle les quatre « mousse »-quetaires et avec raison ! Passionnés du houblon, Sébastien, Steve, Mario et Michel ouvrent en 2004 la microbrasserie Le Grimoire, en plein centre-ville de Granby. Et c'est un pari réussi ! Ils ont su allier brasserie à resto-pub, ce qui permet à la clientèle de découvrir les excellents produits brassicoles tant sur place qu'à la maison. Consulter d'ailleurs la section « bars-bistro-resto spécialisés » de cette région pour de plus amples informations sur le pub de la microbrasserie.

Jusqu'ici offertes à l'externe en fût uniquement, on peut dorénavant se procurer trois des bières du Grimoire en bouteille chez une trentaine de détaillants spécialisés à travers la province, dont le Grand Duc à Longueuil et La Ressource à Boucherville. Pour une pleine dégustation, des « Mix Pacte » proposent un mélange de ces trois produits : La Vitale, une American Pale Ale, La Grimousse, une rousse de type English Pale Ale, et La Noire Sœur, une excellente stout au goût chocolaté.

En plus des nombreux prix remportés, la microbrasserie a eu l'honneur de brasser la bière officielle du 13e Mondial de la Bière en 2006. C'est ainsi que nombreux festivaliers ont pu découvrir cette exclusivité, l'Armure, une bière forte à base de miel et de mûres. Le Grimoire brasse également des bières exclusives pour des hôtels, restaurants et bars dont La vie de Château, une bière au rhum brassée pour le Château Bromont, qu'on peut également découvrir à la pinte au Saint-Bock à Montréal.

GRIMOUSSE,
ALE ROUSSE, 5 %

Une rousse opaque aux discrets arômes de pêche et de malt. Au goût, le malt est bien balancé avec le houblon, avec des saveurs de fruits et d'épices ainsi qu'une bonne amertume digne des Amercian Pale Ale.

NOIRE SŒUR,
ALE NOIRE, 5 %

Une bière très noire, opaque, au collet plutôt mince. Au nez, on peut déceler des arômes de petits fruits. En bouche, le café, le chocolat et les baies fusionnent. S'ensuit une belle amertume très prononcée, qui persiste longtemps.

BRASSERIES ARTISANALES

BROUEMONT

107, Bromont, Bromont
450-534-0001
www.brouemont.com
Dim-mer, 11h30-23h (la cuisine ferme à 21h) ; jeu-sam, 11h30-minuit (la cuisine ferme à 21h30)
Patrick Dunningan a grandi dans le milieu de l'hôtellerie et de la restauration. Son intérêt pour la divine mousse l'a amené à rencontrer les propriétaires de la brasserie artisanale La Diable à Mont-Tremblant et ceux de l'Inox à Québec. Les précieux conseils et coups de main auront contribué à

l'apparition d'une nouvelle adresse sur la Route des Bières du Québec. Patrick et sa conjointe, Diane Moreau, ont d'abord ouvert le Tabby's à Bedford qui fut entièrement ravagé par un incendie en 2002. L'entreprise renaît sous le nom de Brouemont, dans ses nouveaux locaux à Bromont, et verse sa première pinte de bière le 25 mars 2004.

Patrick, le maître-brasseur, s'occupe de la dizaine de bières figurant au menu : la blonde framboise et miel, la IPA, la Scotch Ale, la Nutty Brown... Diane gère le restaurant réputé pour ses steaks, sandwichs et burgers, le tout dans un décor chaleureux avec deux foyers et une mezzanine. En saison estivale, profitez de l'accueillante terrasse de 80 places, enveloppée de vignes, de feuillus et de cèdres.

INDIA PALE ALE, 6%
Une bière de type anglaise, aux arômes très agréables de fruits. En bouche, un goût de malt caramel et une amertume qui ne se laisse pas prier pour rester. C'est la préférée du brasseur !

WEIZEN, ALE BLANCHE, 4.5%
Une bière blanche, crémeuse, dont il faut signaler ici l'originalité : la banane et le clou de girofle sont omniprésents au nez et à la bouche. C'est un mélange fort réussi et un grand classique du Brouemont.

LA MARE AU DIABLE
151, King O, Sherbrooke
819-562-1001
Lun, 16h-2h ; mar-jeu, 11h-2h ; ven, 11h-3h ; sam, 14h-3h ; dim, 18h-2h
Dans le roman « La mare au diable » de George Sand (1846), la mare représente le lieu mythique. Les gens qui s'y rencontrent sentent une force irrésistible les rapprochant les uns aux autres. C'est cette ambiance, qui nous rapproche tant de la bière de spécialité que des autres clients de l'endroit, qu'a réussi à créer Christophe Pernin dans la Maison Leblanc, charmante demeure bâtie en 1867 située sur la rue King. L'intérieur est chaleureux, pittoresque, divisé en compartiments, propices aux

discussions entre amis et aux soirées où les bières s'enchaînent aux rythmes des éclats de rire. La brasserie artisanale est ouverte depuis juillet 2003 et un arrêt vaut définitivement la peine, question de prendre un bon repas (à base de bière évidemment) agrémenté de leurs bières diaboliques. Prenez note qu'il est possible de visiter la salle de brassage sur demande.

ABÉNAQUIS, ALE NOIRE, 6.5%
Une stout avec une belle mousse épaisse et des arômes de caramel, chocolat et alcool. En bouche, le caramel est plus puissant, accompagné de noisettes et de notes fumées avec en arrière-goût, encore du caramel. Rousse des Cantons, Ale Rousse, 5.5% Une ale aux arômes de fruits. Au goût, la Rousse des Cantons est riche en fruits, chocolat et noix. Une rousse très intéressante avec une franche amertume.

LA MEMPHRÉ
12, Merry S, Magog
819-843-3405
Lun-dim, 11h30-fermeture (selon l'affluence)
La Memphré est ouverte depuis juillet 1999. L'actuel co-propriétaire, Serge Vidal, fut autrefois représentant pour la défunte Microbrasserie Aux 4 Temps. C'est en livrant de la bière au Saint-Pub dans Charlevoix et en discutant avec son propriétaire Frédérick Tremblay, que le désir d'ouvrir une brasserie artisanale lui est venue. Dans une atmosphère de musique jazz avec une superbe vue sur le lac Memphrémagog, La Memphré offre un menu adapté à la bière, constitué de pâtes, grillades, paninis, canard, moules et autres délices...

IPA, ALE AMBRÉE, 6%
Une belle bière invitante, ambrée avec un petit collet blanc. Une présence de houblon et de légères notes de caramel se distinguent au nez. Le caramel, le malt et le houblon s'emmêlent aux goûts d'agrumes en bouche.
La Blonde du Boss, Lager Blonde, 5% Une blonde dorée, voilée, coiffée d'un

petit collet crémeux. Des odeurs de caramel brûlé s'en dégagent. Une bière veloutée en bouche avec de douces saveurs d'agrumes. Une douce amertume conclue cette bière simple et rafraîchissante.

SIBOIRE
80, du Dépôt, Sherbrooke
819-565-3636
www.siboire.ca
Lun-dim, 11h-3h
Logée dans un édifice plus que centenaire, cette nouvelle brasserie artisanale a vu le jour en novembre dernier grâce aux efforts de Carl Grenier, Pierre-Olivier Boily et Jonathan Gaudreault. Colocataires, ces passionnés du brassage maison, avaient aménagé leur sous-sol pour la cause. Dorénavant, leurs recettes sont à la portée de tous, brassées sous nos yeux, dans un établissement pouvant accueillir plus de 100 personnes. En plus de pouvoir déguster leurs excellentes bières maison, des repas de type bistro sont servis jusqu'à tard en soirée. On peut également accéder à Internet sans fil sur place et ce, tout à fait gratuitement.

Comme dit un des slogans de la brasserie : Si boire est un vice, cale verre en est un autre !

IMPÉRIAL EXPRESS,
ALE NOIRE, 10%
Une stout saisonnière fort populaire au caractère explosif ! Ici, les brasseurs ont voulu exagérer pour créer une bière d'exception où espresso, chocolat, mélasse, cassonade se mêlent avec harmonie. Après en avoir dégusté une, on en recommande une autre mais attention au fort pourcentage d'alcool…

LA TRIP D'AUTOMNE,
ALE BLONDE (TRIPLE BELGE), 7%
Cette blonde d'inspiration trappiste a un grand défaut : elle se boit beaucoup trop bien ! Au nez, c'est un parfum floral, fruité même qui nous rappelle les mûres et les bleuets. En bouche, on retrouve ce côté fruité qui crée un bel équilibre entre l'amertume et le sucré.

À déguster en tout temps car elle fait partie des bières régulières du Siboire.

BARS, BISTROS, RESTOS SPECIALISÉS

BRÛLERIE CAFFUCCINO
219, Principale O, Magog, 819-868-2225
4257, Bourque, Rock Forest,
819-563-4555
1700, King O, Sherbrooke, 819-821-2346
www.caffuccino.com
Lun-ven, 7h-fermeture ; sam-dim, 8h-fermeture
Le premier Caffuccino a fait son apparition sur la rue Principale à Magog en 1997. Depuis, deux autres établissements ont ouvert. Chacun se caractérise par sa propre atmosphère. Des spectacles « live » ont lieu tous les vendredis soirs à Magog et les dimanches à Sherbrooke.

Caffuccino, comme son nom l'indique, c'est avant tout une brûlerie et les grains sont torréfiés soigneusement à la succursale de Sherbrooke. On peut d'ailleurs s'en procurer en vrac au comptoir Espresso de chaque succursale. Ces cafés concoctent aussi une immense variété de plats et de succulents desserts. La carte des bières, particulièrement étoffée, contient surtout des importations. Les seules bières québécoises sont fournies par Unibroue : la Maudite, la Blanche de Chambly, la Fin du Monde et la Trois-Pistoles.

KING HALL
286, King O, Sherbrooke
819-822-4360
Lun-ven, 16h-fermeture ; sam-dim, 19h-fermeture (selon l'affluence)
Le King Hall n'a plus besoin de présentation ! Depuis une vingtaine d'années, étudiants et amateurs de houblon et scotch se donnent rendez-vous dans ce haut lieu de la dégustation et de la découverte. Pierre Parizeau, fier propriétaire de l'endroit,

se fait un devoir d'offrir une grande quantité (qui rime ici avec qualité) de bières de microbrasseries québécoises et d'importation. 170 produits en bouteille et 21 aux pompes… de quoi vous donner l'embarras du choix. Pour ceux qui recherchent des produits un peu plus corsés, une quarantaine de scotchs se disputent le menu. Le King Hall est idéal pour un 5 à 7 entre amis, en sortant de l'université ou lors de la tournée brassicole du Québec.

LE GRIMOIRE

223, Principale, Granby
450-372-7079
www.brasseriegrimoire.com
Mai à sept : lun-ven, 11h-fermeture ;
sam-dim, 15h-fermeture
Oct à avril : lun-mer, 11h-23h ; jeu-ven,
11h-fermeture ; sam, 15h-fermeture ;
dim, 11h-23h

L'excellente microbrasserie Le Grimoire a un pub adjacent et c'est tant mieux ! C'était d'ailleurs la vocation première de l'établissement qui, jusqu'à tout récemment, servait ses bières sur place seulement.

Pour les petits creux, différentes spécialités sont offertes telles les saucisses vaudoises à la Noire Sœur, les paninis, les escargots à la Vitale, avec un menu du jour en semaine. Côté houblon, une quinzaine de bières dont la Malt Aimée, une IPA à 6.25%, la Noire Sœur, une excellente stout au goût chocolaté, ou l'Infernale, une belge d'abbaye à 9%, réjouissent les papilles des bièrophiles.

Côté événement, des tournois de poker sont organisés tous les lundis, mardis, mercredis et samedis. De nombreux partys à thème attirent des foules en quête d'une bonne soirée. des chansonniers foulent les planches le jeudi et parfois, des groupes « live » se produisent le vendredi. Le détour en vaut vraiment la peine… c'est une adresse à retenir et à faire découvrir !

PILSEN PUB

55, Principale, North Hatley
819-842-2971
www.pilsen.ca
Horaire d'été : lun-sam, 11h30-fermeture ;
dim, 11h-fermeture. Horaire d'hiver :
mer-dim, 11h30-fermeture.

Le Pilsen (aussi connu sous le nom de Massawippi) a été, en 1985, la première microbrasserie de la province en obtenant le troisième permis brassicole, après Molson et Labatt. Le nom fut attribué en l'honneur de la ville de l'ancienne Tchécoslovaquie, Plzen, qui a donné son nom à bière Pilsen Urquell. La brasserie déménagea en 1986 et les nouveaux propriétaires du bâtiment gardèrent le nom de ce qui allait devenir un pub-restaurant. En 2006, quatre épicuriens se sont portés acquéreurs du Pilsen afin de perpétuer l'excellence de sa table avec une carte des vins et bières bien étoffée. En fût, six bières dont la Belle Gueule, la Blanche de Chambly et la Guinness mais, c'est en bouteille que le choix devient intéressant, particulièrement en termes de bières importées : La Chouffe, Maredsous, Liefmans

Framboise/Cerise, Pilsen Urquell (cela va de soi !), Hoegaarden... À déguster, si vous êtes de passage dans ce petit village enchanteur en été, sur leur magnifique terrasse en bordure de la rivière Massawippi.

PUB DU LION D'OR

2902, Collège, Lennoxville
819-562-4589
www.lionlennoxville.com
Horaire d'été : lun-ven, 11h30-fermeture ; sam-dim, 15h-fermeture. Horaire d'hiver : sam-jeu, 15h-fermeture ; ven, 11h30-fermeture (le café/terrasse est fermé en hiver).
Toutes les bières brassées par le Lion d'Or figurent au menu du pub et sont volontiers la complice idéale de leur excellent fish'n'chips ou de leur gargantuesque club sandwich. Côté ambiance, tables de billard et babyfoot, écrans géants, DJ's et groupes « live » le week-end, événements et partys tout au long de l'année.

Lors de la belle saison, profitez du charme du café/terrasse qui peut accueillir une quarantaine de personnes. Prenez note qu'il est possible de réserver les lieux pour un événement privé.

PUBLIC HOUSE

3809, Principale, local 104, Dunham
450-295-1500
www.betf.ca
Jeu, 16h-minuit ; ven-sam, 15h-minuit
Le terme « Pub », fort employé de nos jours, est une contraction de l'expression « Public House » qui désignait les brasseries artisanales en Angleterre. Ces dernières étaient essentiellement des entreprises familiales qui offraient à leurs visiteurs des ales maison. Les pubs sont des lieux de rassemblement populaire où règnent bonne ambiance et le roi des rois, le houblon.

Le PUBlic House de Brasseurs et Frères perpétue la tradition et permet aux bièrophiles de déguster les produits maison dans un cadre champêtre. Une magnifique terrasse, située dans une cour intérieure, peut accueillir jusqu'à 60 personnes lors

de la belle saison. Et pour ceux qui ont l'âme aventurière, une « table des irréductibles » est aménagée en permanence sur la terrasse. On vous promet d'y être servi en toute saison, peu importe les conditions météo !

Une dizaine de bières peuvent être dégustées sur place, telles la Double, une belge double à 8.5%, ou la Greluchon, une blanche de blé de type allemande.

Le pub est devenu une vitrine de la culture locale en proposant vernissages et expositions d'art visuel, spectacles musicaux, soirées de contes et bien plus encore.

DÉPANNEURS ET MARCHÉS D'ALIMENTATION

DÉPANNEUR VENT DU NORD

338, Belvédère N, Sherbrooke
819-569-9534
Dim-mer, 12h-20h ; jeu-sam, 9h-23h
Une adresse bien connue des bièrophiles dans les Cantons-de-l'Est. Le choix est vaste et les microbrasseries québécoises sont très bien représentées : Au Maître Brasseur, Les Trois Mousquetaires, La Barberie, Brasseurs et Frères, Dieu du Ciel !, Charlevoix, Breughel, McAuslan, etc. Des paquets-cadeaux sont disponibles et on peut même s'en faire confectionner un sur mesure. On trouve de nombreux items reliés au monde de la bière dont une belle variété de verres de dégustation.

Et aussi :

LA CHOPE À BIÈRE

96, Queen, Sherbrooke
819-345-9878

LA GRANDE RUCHE

25, Bryant, Sherbrooke
819-562-9973

CENTRE-DU-QUEBEC

PRATIQUE

TOURISME CENTRE-DU-QUÉBEC
20, Carignan O, Princeville
819-364-7177, poste 300 / 1-888-816-4007
www.tourismecentreduquebec.com

MICROBRASSERIES

MULTI-BRASSES
1209, Saint-Joseph, Tingwick
819-359-3887
www.multi-brasses.com
George Mayrand et Kevin Morin brassent de la bière depuis leur adolescence. C'est lors de l'événement « Expo-science » présenté à leur Cégep de Victoriaville qu'ils ont pu offrir, pour la première fois, leurs bières à un large public. Ce petit projet étudiant a semé en eux l'envie de se lancer dans l'industrie brassicole. En résulte l'ouverture de Multi-Brasses en 2001. Les bières de la microbrasserie sont disponibles dans plusieurs épiceries et dépanneurs spécialisés à travers la province ainsi qu'en fût dans certains établissements de la région.

BUCK ROUSSE, ALE ROUSSE, 5%
La Buck Rousse a une robe ambrée claire avec un collet beige un peu timide.

Au nez, un arôme de houblon très agréable et de caramel torréfié qui se retrouvent également en bouche. Un bel équilibre entre l'amertume et le sucré qui donne une bière accompagnant à merveille les fromages vieillis.

ST-PIERRE NOIRE,
ALE NOIRE, 5%
Elle est noire opaque, avec un mince collet brun, crémeux qui disparaît tranquillement. Au nez, un mélange d'arôme de chocolat, de café, de malt rôti et de céréales pique la curiosité. Le malt rôti en bouche est très doux et au moment où l'on croit le houblon absent, il entre en jeu et reste jusqu'en arrière goût.

vitrine des produits de microbrasseries québécoises: Les trois mousquetaires, Les brasseurs du Hameau, Bierbrier, microbrasserie du Lièvre, Unibroue, McAuslan, Brasseurs et Frères, Boréale... En fût, on retrouve la Rickard's, la Belle-Gueule, la St-Ambroise, la Blanche de Cheval Blanc, la Buck, la Heineken et la Molson. Profitez des spéciaux quotidiens du 4 à 7 où les prix sont réduits sur les bières en fût. Les jeudis soirs sont également synonyme de spéciaux alors que le pichet de Belle-Gueule est à 10 $ dès 19h.

DÉPANNEURS ET MARCHÉS D'ALIMENTATION

ÉPICERIE LAUZIÈRE
2015, Saint-Pierre, Drummondville
819-472-2416
Lun-sam, 5h30-23h ; dim, 10h-23h
C'est simple... la majorité des microbrasseries québécoises distribuent leurs produits à l'épicerie Lauzière : Au Maître Brasseur, La Barberie, Les Trois Mousquetaires, Breughel, microbrasserie d'Orléans, Bièropholie, Dieu du Ciel !, et plus encore. Paquets-cadeaux et verres de dégustation à l'unité font d'excellents présents à offrir à ses amis bièrophiles.

BISTRO SPÉCIALISÉ

CACTUS RESTO-BAR
139, Bois-Francs S, Victoriaville
819-758-5311
www.cactusrestobar.com
Dim-mer, 11h-minuit (la cuisine ferme à 21h) ; jeu-sam, 11h-1h30 (la cuisine ferme à 22h)
On vient au Cactus pour savourer une de ses spécialités tex-mex, pour ses soirées et spectacles déjantés ou tout simplement pour déguster une bonne pinte entre amis. Parlant de bières, ce resto-bar est une excellente

Et aussi :

COOP LA MANNE
194, Notre-Dame E, Victoriaville
819-758-1211

DÉPANNEUR
LE GARDE-MANGER
48, Girouard, Victoriaville
819-357-2792

DÉPANNEUR LE GOURMET
1290, Mercure, Drummondville
819-477-2124

CHARLEVOIX

PRATIQUE

ASSOCIATION TOURISTIQUE RÉGIONALE DE CHARLEVOIX
495, de Comporté, La Malbaie
418-665-4454 / 1-800-667-2276
www.tourisme-charlevoix.com

MICROBRASSERIE

MICROBRASSERIE CHARLEVOIX
2, Racine, Baie-Saint-Paul
418-240-2332
www.microbrasserie.com
Visite sur réservation seulement.
En 1998, pris d'un élan de passion, Caroline Bandulet et Frédérick Tremblay laissent leur emplois pour donner vie à leur rêve : ouvrir et maintenir une microbrasserie dans leur région natale, Charlevoix. Le 3 juillet de la même année, la microbrasserie Charlevoix ouvre ses portes pour produire des bières destinées principalement à la région immédiate. Adjacent à la microbrasserie, le Saint-Pub vous accueille pour déguster les bières brassées chez le « voisin ». Pour plus d'informations sur le pub, référez-vous à section « bars-bistro-resto spécialisés » de cette région.

La microbrasserie Charlevoix est reconnue, notamment, pour ses gammes de bières « Dominus Vobiscum » et « La Vache Folle ». Les Dominus Vobiscum sont des bières d'inspiration belge composées de malts spéciaux et fermentées avec une levure belge. La dernière née de cette gamme est la Double, une bière brune à 9%, longuement mûrie en bouteille et au goût évolutif, qui a fait son apparition en juin 2006. La gamme de La Vache Folle s'offre sous deux recettes : une noire au lactose et une rousse extra special bitter. La microbrasserie brasse également des bières saisonnières et d'autres exclusives pour certains établissements dont le restaurant La Maison du Bootlegger.

DOMINUS VOBISCUM TRIPLE, ALE BLONDE, 9%

Une blonde dorée foncée. Agrumes, épices et alcool sont présents au nez. Elle entre doucement en bouche pour progressivement mettre en évidence un mélange d'épices et de saveurs amères. L'alcool est bien balancé, elle offre une finale épicée et une amertume de houblon. L'expérience est intéressante, il faut l'essayer avec des plats épicés.

LA VACHE FOLLE ESB, ALE ROUSSE, 6%

L'ESB de Charlevoix est une bière ambrée aux reflets rouges. Son col est généreux et son nez présente des arômes de fruits exotiques. Elle a un corps ample, dans laquelle le houblon domine joyeusement, et on détecte aussi un heureux mélange de fruits frais. Elle se termine sur une longue amertume ponctuée de notes de fruits.

BAR, RESTO SPÉCIALISÉ

LE SAINT-PUB

2, Racine, Baie-Saint-Paul
418-240-2332
www.microbrasserie.com
Lun-dim, 11h30-21h (jusqu'à 22h en saison estivale)
En plein cœur de Baie-Saint-Paul, municipalité nichée entre le fleuve et les montagnes, on retrouve petites boutiques d'artisanat, galeries d'art, bistro et restaurants du terroir et le Saint-Pub appartenant à la microbrasserie Charlevoix. Une cuisine régionale, où les produits du terroir sont à l'honneur, de la bière de qualité brassée avec amour et patience (dont des saisonnières qui font leur apparition selon les humeurs du brasseur). Un lieu à découvrir pour une bonne boustifaille dans le cadre champêtre de cette magnifique région.

RESTAURANT LE BOOTLEGGER

110, Ruisseau-des-Frênes,
Sainte-Agnès de la Malbaie
418-439-3711
www.maisondubootlegger.com
Ouvert de mai à décembre.
Lunch et visites guidées : tous les jours de 10h à 18h de juin à septembre ; les week-ends en mai et en octobre.
Soirée spectacle : dès 18h tous les jours mais sur demande en novembre et décembre.
C'est un lieu mythique, autrefois clandestin, de l'arrière-pays de Charlevoix ! Cette maison fut construite en 1860 au nord-est de la Rivière Malbaie dans un style architectural québécois d'inspiration bretonne. En 1933, Norie Sellar se porte acquéreur du bâtiment, le démantèle et le fait reconstruire sur son site actuel. La prohibition régnant, la maison devient un lieu clandestin où chaque pièce du rez-de-chaussée est réaménagée en labyrinthe. Le restaurant est dorénavant un véritable musée : vieilles photographies, objets et mobiliers des années 30, chambres et salons privés dotés de bars camouflés, casino clandestin, etc. Des visites guidées sont proposées, pouvant être jumelées à un repas et même à un spectacle. La spécialité de la maison : le bœuf de l'Ouest cuit sur charbon de bois à l'érable aux copeaux d'hickory... à faire saliver ! Côté houblon, la microbrasserie Charlevoix brasse trois bières exclusives au restaurant : La Bootlegger, La Mitraille et La Al Capone.

Régions

CHAUDIÈRE-APPALACHES

PRATIQUE

ASSOCIATION TOURISTIQUE CHAUDIÈRE-APPALACHES
800, autoroute Jean-Lesage, Saint-Nicolas
418-831-4411 / 1-888-831-4411
www.chaudiereappalaches.com

DÉPANNEURS ET MARCHÉS D'ALIMENTATION

DÉPANNEUR TOUT PRÈS
97, Wolfe, Lévis
418-837-1633
www.depanneurtoutpres.com
Lun-sam, 7h-23h ; dim, 8h-23h
La région Chaudière-Appalaches ne contient peut-être pas d'incontournables de la Route des Bières mais il existe tout de même d'excellentes adresses pour l'achat de quelques bonnes bouteilles. Le Dépanneur Tout Près en fait partie. Près de 350 bières différentes trônent sur les étalages, tant de microbrasseries québécoises que

d'importations. Si le choix devient ardu, faites appel aux employés... ils en savent long sur le sujet. Des paniers-cadeaux (possibilité d'en faire sur mesure), des verres de dégustation et autres items reliés à la bière viennent compléter le tout. Prenez note que des dégustations de bières ont lieu un vendredi par mois et permettent aux bièrophiles de découvrir ces délices houblonnés.

Et aussi :

COOP LA MAUVE
348, Principale, Saint-Vallier
418-884-2888

DÉPANNEUR PROPRIO / ULTRAMAR
1, Taché O, Montmagny
418-248-0707

IGA LAROCHELLE
3950, Rive-Sud, Lévis
418-833-8822

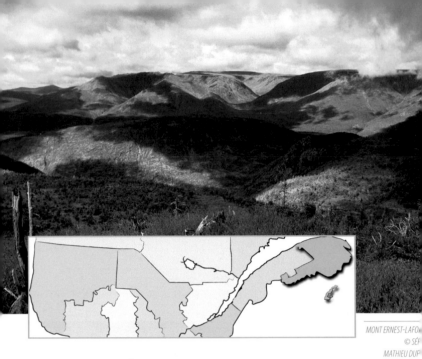

GASPÉSIE

PRATIQUE

TOURISME GASPÉSIE
357, de la Mer, Sainte-Flavie
418-775-2223 / 1-800-463-0323
www.tourisme-gaspesie.com

MICROBRASSERIE

MICROBRASSERIE PIT CARIBOU
27, de l'Anse, Anse-à-Beaufils
418-385-1425
www.pitcaribou.com
Ayant de la difficulté à trouver des bières de qualité à saveurs spécifiques dans leur région, deux acolytes, Francis Joncas et Benoît Couillard, ont commencé à brasser leur propre bière pour consommation personnelle. Miel, sirop d'érable, produits marins... une touche de terroir dans le développement de bières de spécialité. Le résultat : l'apparition toute récente de Pit Caribou, microbrasserie toute gaspésienne, un projet bien mûri au cours des dernières années. Cette toute nouvelle usine de production de bières artisanales est installée dans le havre de pêche, à l' Anse-à-Beaufils, petit village situé à 8km de Percé.
Les deux bières brassées par Pit Caribou, La Blonde de l'Anse et la Bonne Aventure, sont pour l'instant disponibles uniquement en fût dans la région

gaspésienne, notamment à la Vieille Usine de l'Anse-à-Beaufils, au Fou du Village à Bonaventure, au Café de l'Atlantique à Percé, et au Sea Shack à Sainte-Anne-des-Monts. Ce sont des bières 100% malt brassées manuellement. Sous peu, il sera également possible de découvrir les bières sur leur lieu de production, dans un petit salon de dégustation aménagé en boutique où on pourra se procurer bocks et chandails à l'effigie de la microbrasserie. Prenez note que les installations ne peuvent être visitées.

L'embouteillage et la mise en marché d'une nouvelle bière ne sont pas prévus dans l'immédiat mais font très certainement partie des projets futurs. Ça tombe bien car nous avons hâte de découvrir ces nouveaux produits un peu partout dans la province Mais c'est peut-être aussi une bonne occasion d'aller découvrir ce magnifique coin de pays...

LA BLONDE DE L'ANSE,
ALE BLONDE, 5%
D'un jaune doré, cette blonde est bien balancée, peu houblonnée et présente des arômes subtils. C'est une bière grand public très rafraîchissante.
La Bonne Aventure, Nut Brown Ale, 5%
Une ale de type anglaise d'un rouge profond. Elle a un goût franc qui laisse entrevoir des notes de caramel. Elle ne laisse personne indifférent !

BISTRO SPÉCIALISÉ

BISTRO-BAR
LE FOU DU VILLAGE
119, Grand Pré, Bonaventure
418-534-4567
www.fouduvillage.com
Lun-dim, 14h-fermeture (selon l'affluence)
Bonaventure, au cœur de la Baie-des-Chaleurs, a bien conservé ses couleurs acadiennes qui se reflètent tant dans l'hospitalité et la chaleur des habitants que dans l'architecture et la nature environnante. Imaginez alors pouvoir savourer une pinte de bière québécoise dans cette atmosphère... c'est possible !

Le Fou du Village est situé dans une petite maison centenaire en plein cœur du village de Bonaventure. Les visiteurs peuvent manger sur place des produits régionaux et boire une bière québécoise ou et importée. On pourra d'ailleurs demander une des bières de la microbrasserie gaspésienne Pit Caribou. Une ambiance cordiale et chaleureuse, une terrasse ensoleillée, du houblon, des spectacles à chaque semaine, bref une bonne adresse pour passer de bons moments.

DÉPANNEURS ET MARCHÉS D'ALIMENTATION

ÉPICERIE R. SAINT-GELAIS
405, Dion, Matane
418-566-2830
www.epiceriestgelais.com
Dim-mer, 7h30-22h30 ; jeu-sam, 7h30-23h
Fondée en 1971, cette épicerie de quartier se démarque par ses nombreuses spécialités : boucherie, boulangerie, pâtisserie, service de traiteur, comptoir fruits et légumes, produits écologiques, produits équitables, sushis et... bières de spécialité. Vingt-cinq microbrasseries québécoises distribuent leurs produits à cette épicerie pour un choix effarant de bières. C'est quasiment impossible de ne pas trouver ce qu'on cherche et c'est sans compter le choix en bières importées : Belgique, Allemagne, Hollande, Angleterre, France... Prévoyez du temps pour faire votre sélection !

Et aussi :

DÉPANNEUR DU LAC
265, Saint-Joseph, Matane
418-562-6262

ÉPICERIE THÉRIAULT
& THIBAULT
88, de Carignan, Sainte-Anne-des-Monts
418-763-2633

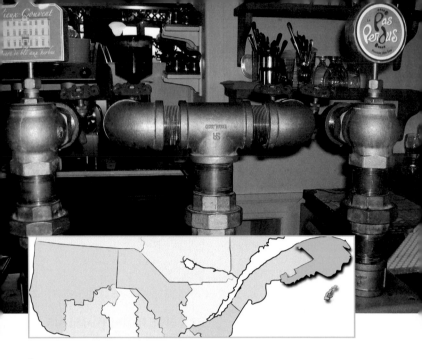

ÎLES DE LA MADELEINE

PRATIQUE

TOURISME ÎLES DE LA MADELEINE
128, Principale, Cap-aux-Meules
418-986-2245 / 1-877-624-4437
www.tourismeilesdelamadeleine.com

MICROBRASSERIE

À L'ABRI DE LA TEMPÊTE
286, Coulombe, L'Étang-du-Nord
418-986-5005
www.alabridelatempete.com

Jean Sébastien Bernier était brasseur au Bilboquet à Saint-Hyacinthe lorsque
sa copine Anne-Marie Lachance lui a fait visiter son coin de pays, les Îles de la
Madeleine, en l'an 2000. Celui-ci a eu le coup de foudre pour l'archipel et de retour
sur la terre ferme, le couple étudia la possibilité d'y installer une microbrasserie.
Après de longues recherches, ils trouvèrent l'endroit idéal dans une ancienne
usine de transformation de poisson laissée à l'abandon. Ils commencèrent alors les
travaux, non seulement de la microbrasserie, mais aussi de la micromalterie, une
première en Amérique du Nord.

    à l'Abri de la Tempête utilise des céréales et du houblon locaux (sans
pesticide, herbicide ou fongicide). Les rejets de céréales produits sont récupérés

par l'entreprise Les Veaux de Nathaël qui utilise les drèches, troubles, levures et rejets de maltage pour ses bêtes. Toute l'énergie nécessaire pour le brassage est produite avec de la vapeur qui est ensuite récupérée pour diminuer les pertes thermiques.

Il est possible de visiter la microbrasserie tous les jours jusqu'à 17h, de juin à début octobre. En dehors de la saison estivale, les visites ne sont possibles que sur réservation.

Cinq bières sont actuellement brassées sur place, distribués principalement sur les Îles-de-la-Madeleine. Elles trônent également sur les tablettes d'une vingtaine de détaillants spécialisés à travers la province.

LA PAS PERDUS,
LAGER ROUSSE, 4.8%
Lager rousse brassée avec de l'orge des Îles, maltée artisanalement à même la microbrasserie. La Pas Perdus a été brassée pour le Bistro « Les Pas Perdus » (169, Principal, Cap-aux-Meules, 418-986-5151).

LA VIEUX COUVENT,
ALE BLONDE, 5.8%
Bière aux herbes, brassée à base de blé et d'orge des Îles, maltée artisanalement à même la microbrasserie. La Vieux Couvent a été brassée pour l'Hôtel-Resto-Bar « Au Vieux Couvent » (292, rte 199, Havre-aux-Maisons, 418-969-2233).

BARS, BISTROS, RESTOS SPECIALISÉS

À L'ABRI DE LA TEMPÊTE
286, Coulombe, L'Étang-du-Nord
418-986-5005
www.alabridelatempete.com
Lun-dim, 13h-19h (1er au 26 juin) ; 11h-23h (26 juin à la mi-septembre) ; 13h-19h (mi-septembre à début octobre)
*Ouvert en période hivernale pour des

événements.

La microbrasserie artisanale tient un pub sur le lieu même de ses installations brassicoles. On y déguste les cinq bières brassées sur place dont La Grave du Café, une stout aux accents généreux de moka et espresso et La Corne de Brume, une scotch ale aux notes de caramel.

La microbrasserie prépare plusieurs assiettes de produits madelinots pour accompagner la bière : les produits du Fumoir d'Antan (maquereau, hareng, saumon et pétoncles fumés), des fromages de la fromagerie Pied-de-Vent (Tomme des demoiselles et Pied de vent), des pépérettes de loup-marin de la Boucherie Côte à Côte, ainsi que du pain à la Pas perdus fait par la Fleur de Sable.

En dehors de la saison estivale, le pub ferme relativement tôt sauf quand il accueille la soirée Salsa un samedi sur deux et la soirée KinOcéan le dernier vendredi du mois (projections de courts métrages).

LES PAS PERDUS

169, Principale, Cap-aux-Meules
418-986-5151
www.pasperdus.com
Horaire d'été : lun-dim, 8h-23h. Horaire d'hiver : lun-mer, 11h30-15h ; jeu-ven, 11h30-22h

Le charme des Îles, c'est aussi ses commerces, ses petites auberges, ses jolies maisons en bord de mer, ses bateaux de pêche colorés, et surtout, ses habitants. Les Pas Perdus ne fait guère exception à la règle et cette petite auberge-bistro est un bel exemple de l'accueil chaleureux des madelinots.

Comment décrire ce lieu invitant aux multiples facettes ? D'abord, un petit resto sympa où le braisé d'agneau aux champignons côtoie les burgers appétissants et le steak frites. Ensuite, un bistro où il fait bon prendre un verre entre amis, que ce soit par un bel après-midi sur leur terrasse ou en soirée au son des groupes de musique qui égayent les lieux. Les amateurs de bières y trouveront d'ailleurs leur compte. Une quinzaine de produits « bien de chez-nous » figurent au menu et notamment les bières de la microbrasserie locale À l'Abri de la Tempête.

Pour ceux qui tomberaient amoureux des lieux, sachez que Les Pas Perdus compte six chambres magnifiques à l'étage, à un prix plus qu'abordable. Autres services disponibles sur place : un café Internet et une petite boutique où on retrouve les t-shirts de l'auberge-bistro ainsi que de jolis produits en verre soufflé d'Isoline Vallée, une artiste de la région.

LANAUDIÈRE

PRATIQUE

TOURISME LANAUDIÈRE
3568, Church, Rawdon
450-834-2535 / 1-800-363-2788
www.lanaudiere.ca

MICROBRASSERIES

HOPFENSTARK
643, L'Ange Gardien, L'Assomption
450-713-1060
www.hopfenstark.com

Hopfenstark se spécialise dans la fabrication de bières très goûteuses : la IPA Post Colonial, la Blanche de l'Ermitage, une bière d'inspiration belge aromatisée d'écorces d'orange et de coriandre, la Porter 1920 avec une touche de caramel et de chocolat, ou encore la fameuse Stout Black Francis, une noire brassée en hommage aux légendes de héros hors-la-loi irlandais. La série Ostalgia, comprend une blonde, une cream ale et une rousse. Le terme Ostalgia serait un néologisme désignant la nostalgie des Allemands de l'Est face à leur mode de vie d'avant l'unification. La Ostalgia Blonde a remporté une médaille d'or au concours MBière 2007 lors de la 14e édition du Mondial de la Bière.

La microbrasserie, qui célébrait en novembre dernier son premier anniversaire, continue de nous surprendre en développant des bières variées. En production limitée, saisonnière ou régulière, un salon de dégustation permet aux bièrophiles de découvrir leurs excellentes bières (voir section « bars-bistro-resto spécialisés » de cette région). Les plus curieux visiteront la zone de production, sur réservation. Leurs produits en fût se dégustent dans certains bars tels La Ninkasi du Faubourg à Québec ou le Vices & Versa à Montréal. Au courant de l'année 2008, on devrait voir arriver les bières Hopfenstark sur les tablettes des détaillants spécialisés… espérons que ce sera chose faite lors de la parution de ce guide !

BLANCHE DE L'ERMITAGE, BLANCHE, 5 %
Une bière de blé cru d'inspiration belge aromatisée d'écorces d'orange et de coriandre. D'apparence voilée, c'est une bière très rafraîchissante aux effluves légèrement épicées.

PORTER 1920, PORTER, 5 %
Une bière presque noire aux reflets cuivrés. En bouche, on sent une touche de malt caramel et chocolat et la finale est légèrement acidulée.

L'ALCHIMISTE
681, Marion, Joliette
450-760-2945
www.mbalchimiste.com
La microbrasserie a déménagé mais le salon de dégustation reste ouvert, au même endroit. Référez-vous à la section « bars-bistro-resto spécialisés » de cette région.
Carl Dufour a ouvert l'Alchimiste, première microbrasserie de la région de Lanaudière, en décembre 2001. Originaire de Chibougamau, c'est en visitant le Cheval Blanc à Montréal qu'il a été tenté par l'aventure. Les bières de l'Alchimiste remportant un vif succès, Carl s'est associé en 2006 à son bon ami, Yan Rivard, afin d'installer la microbrasserie dans de nouveaux locaux situés dans le parc industriel de Joliette, installations que l'on peut visiter en prenant rendez-vous par courriel (info@lalchimiste.ca).

C'est grâce à cette initiative qu'on trouve leurs excellents produits dans les marchés et dépanneurs : la Claire (blonde), La Bock (ambrée), L'Écossaise (brune) et la IPA (rousse plus que délicieuse !). Pour une pleine dégustation, des caisses Quatuor incluent trois bouteilles de chacune ces quatre bières et sont disponibles chez les détaillants. Récemment, deux nouvelles bières ont été crées dans la microbrasserie soit la Cristal Weizen, une blanche de blé et la Congelator Eisbock. Cette dernière est obtenue par un procédé unique au Québec qui consiste à brasser une Dopplebock qui fermentera pendant un mois, puis qui sera congelée afin d'obtenir une distillation de l'alcool par le gel.

Deux produits de spécialité sont également en vente dans les bars et restaurants : la Weizen (bière de blé) et l'Amère Noire (comme son nom l'indique… une stout).

CRYSTAL WEIZEN, BLANCHE, 4.8 %
Bière blanche de blé, d'inspiration allemande. Contrairement à ses consœurs, son allure est scintillante grâce au procédé de filtration Cristal. C'est ce qui lui confère également un goût très rafraîchissant. Elle est sèche et légèrement acidulée avec un goût rappelant la banane et le clou de girofle. Le houblon prend alors le dessus avec une finale légère et sèche.

L'ÉCOSSAISE, ALE BRUNE, 5 %
Que d'éloges sur cette bière moelleuse aux reflets ambrés. Au nez comme en bouche, on peut déceler une note de pain d'épices et d'alcool. Son amertume est très légère comparée aux bières de même style et s'accompagne d'un goût de caramel. Excellente avec les fromages à pâte molle !

BARS, BISTROS, RESTOS SPECIALISÉS

BISTRO L'ALCHIMISTE
536, Manseau, Joliette
450-760-5335
Lun-sam, 15h-1h ; dim, fermé
Anciennement l'adresse de la microbrasserie bien connue de la région de Lanaudière, ce bistro est dorénavant le fier représentant des excellentes bières de l'Alchimiste, tout en étant une entité distincte. Véronique Joly, qui a travaillé pendant plusieurs années à la microbrasserie, tient les rennes du charmant bistro au cœur de Joliette. Côté houblon, une dizaine de bières de l'Alchimiste sont au menu, dont plusieurs cuvées exclusives. Le bistro mise également sur les produits du terroir et cela se reflète tant dans la carte des alcools (cidres, vins d'érable, vins fortifiés…) que dans celle des repas (saucisses, viandes fumées…).
75 places sont disponibles à l'intérieur et une quarantaine sur la terrasse. La scène a été agrandie pour le bonheur des visiteurs qui profitent des spectacles d'artistes bien de chez-nous. Bref, une adresse incontournable pour passer d'excellents moments, avec une bonne pinte de bière à la main !

FRITE ALORS !
4153, Vincent Massey, Rawdon
450-834-6880
www.fritesalors.com
Lun-jeu, 5h-20h ; ven, 5h-21h ; sam-dim, 6h30-21h
Se référer à la section « Montréal » pour plus d'information.

L'INTERLUDE
408, Manseau, Joliette
450-759-7482
http ://interlude.connexion-lanaudiere.ca/
Lun-dim, 14h-3h
Le café-bar l'Interlude a pignon sur rue depuis plus de vingt ans dans l'ancienne maison du notaire Lavallée à Joliette. Entre amis, en tête-à-tête ou pour l'apéro sur la terrasse, l'Interlude est l'endroit tout indiqué pour venir déguster une pinte de houblon et on a l'embarras du choix, surtout du côté des importations : Dentergems, Chouffe, Chimay, Duvel, Delirium Tremens, Maredsous, Löwenbräu, Paulaner, McEwans, Guinness... En tant que fiers représentants québécois, l'Alchimiste, McAuslan et Unibroue se partagent la carte. On peut grignoter sur place, surfer gratuitement le web sur son portable, ou se distraire à la pétanque, aux échecs ou aux fléchettes. Le café-bar compte également une petite salle de spectacles de 50 places où musiciens de styles variés poètes, conteurs, troupes de théâtre se produisent régulièrement. Yann Perreau, Richard Desjardins et Mononc' Serge, pour ne nommer que ceux-ci, ont foulé les planches de l'Interlude.

LE SAINT-PATRICK
774, Saint-Pierre, Vieux-Terrebonne
450-964-7418
Lun-dim, 16h-2h
Le pari d'ouvrir, il y a une quinzaine d'années, un pub de bières importées

Régions

dans le Vieux-Terrebonne était audacieux. Selon Pierre, le propriétaire, « le goût n'était pas développé » et il y avait une tradition de Molson et Labatt fortement implantée dans la région. Mais rapidement, les 4 à 7 du Saint-Patrick sont devenus un incontournable pour les amateurs de bières de Terrebonne et des villes avoisinantes. Question de fidéliser la clientèle, le patron propose à chacun un verre identifié à son nom et réservé à son usage exclusif ! Le pub dispose d'une vingtaine de bières en fût et une dizaine en bouteille, avec une nette prépondérance de bières belges. De l'étudiant jusqu'au col blanc, la clientèle très hétéroclite cherche avant tout un endroit pour discuter et se la couler douce après une journée de travail.

HOPFENSTARK

643, L'Ange Gardien, l'Assomption
450-713-1060
www.hopfenstark.com
Fermé dim-mar ; mer-jeu, 15h-22h ; ven-sam, 15h-23h
Dieu merci, la microbrasserie Hopfenstark a un salon de dégustation adjacent à son site de production. Sur place, on peut goûter à ses six bières régulières en plus des recettes saisonnières et spéciales qui viennent et repartent selon les récoltes et l'humeur des brasseurs, telle la Kamarad Friedrich 5 Star, une imperial stout vieillie en fût de chêne. Pour célébrer son premier anniversaire, la microbrasserie a décidé d'offrir des bières en bouteilles exclusives au salon de dégustation. Les quantités étant limitées, c'est premiers arrivés, premiers servis ! Il est maintenant possible d'acheter et d'emporter notre bière préférée en « Growler » de 500ml (cruche servant à transporter la bière en fût). Le salon de dégustation peut être réserver pour des événements corporatifs, des vernissages, spectacles et autres.

DÉPANNEURS ET MARCHÉS D'ALIMENTATION

SAVEURS UNIES

547, des Seigneurs, Vieux-Terrebonne
450-964-0000
www.saveursunies.com
Lun, fermé ; mar-mer, 10h-17h30 ; jeu-ven, 10h-21h ; sam, 10h-17h ; dim, 11h-16h
Quand on met les pieds chez Saveurs Unies, tous nos sens qui sont mis à contribution. Une épicerie fine aux couleurs du monde débordant de produits d'exception, de préférence bio, équitables et artisanaux. On trouve de tout à cette adresse gourmande du Vieux-Terrebonne : huiles et vinaigres aromatisés, épices, chocolats, cafés, thés, gelées et confitures... Et côté bières québécoises, on n'est pas déçu ! Une dizaine de microbrasseries distribuent leurs produits ici dont À l'Abri de la Tempête, microbrasserie Charlevoix, Brasseurs et Frères, Saint-Arnould et La Barberie. Pour pousser davantage l'expérience gustative, des formations de quelques heures sont offertes selon des thèmes reliés aux produits vendus chez Saveurs Unies. Que diriez-vous d'en savoir plus sur la fabrication de la bière, le café ou la cuisine berbère ? Contactez-les directement pour connaître les dates des prochaines formations.

Et aussi :

ÉPICERIE LAVERDURE

623, Saint-Pierre, Terrebonne
450-471-8641

MARCHÉ CHAMARD ET FILS

84, Industriel, Repentigny
450-581-0303

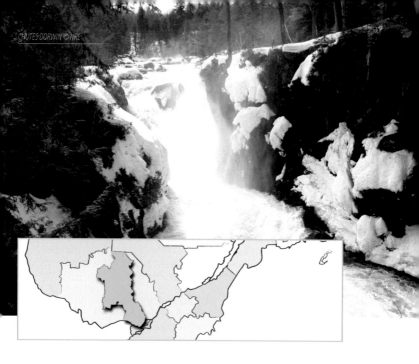

CHUTES DORWIN © NRL

LAURENTIDES

TOURISME LAURENTIDES
14 142, de la Chapelle, Mirabel
450-224-7007 / 1-800-561-6673
www.laurentides.com

BRASSERIES ET MICROBRASSERIES

DIEU DU CIEL ! – LA MICROBRASSERIE
259, de Villemure, Saint-Jérôme
450-436-3438
http://micro.dieuduciel.com/fr/index.php
Les bièrophiles montréalais connaissent bien le Dieu du Ciel !, cette brasserie artisanale du Mile-End. Au fil des ans, l'excellente réputation de la petite brasserie de 500 litres l'amena à envisager l'ouverture d'une microbrasserie afin d'embouteiller certains de ses produits. C'est dorénavant chose faite depuis 2007, grâce notamment à l'équipe très prometteuse qui tient les rennes de ce nouveau lieu de production.

Pour l'instant, six de leurs produits sont disponibles sur les tablettes des détaillants spécialisés à travers la province. La Fumisterie, une ale rousse au chanvre, ou la Route des Épices, une bière de seigle au poivre très appréciée lors du Mondial de la Bière 2006, ne sont que quelques exemples des délices à savourer.

Si vous êtes de passage dans la région, faites un saut à leur salon de dégustation où une dizaine de bières sont servies en plus de plats légers.

PÉCHÉ MORTEL, ALE NOIRE, 6.5 %

Cette imperial stout est d'un noir intense et présente des notes de torréfaction prononcées. Du café équitable est infusé lors du brassage de la bière ce qui intensifie l'amertume et lui confère un puissant goût de café.

ROSÉE D'HIBISCUS, BLANCHE, 5 %

De teinte rosée, cette blanche doit sa couleur aux fleurs d'Hibiscus utilisées lors du brassage. Douce et désaltérante, légèrement acidulée, on sent bien les arômes de cette fleur exotique et on la retrouve en bouche également.

LES BRASSEURS DU NORD

875, Michèle-Bohec, Blainville
450-979-8400
www.boreale.qc.ca

Les Brasseurs du Nord sont les producteurs des bières Boréale. D'ailleurs, vous entendrez souvent la brasserie se faire appeler tout simplement de cette manière. De la première vague des microbrasseries au Québec, celle-ci fut fondée en 1987 par Laura Urtnowski, présidente, et Bernard et Jean Morin. C'est en brassant leur bière par souci d'économie alors qu'ils étaient étudiants que la passion les incita à se lancer en affaires.

Depuis, Les Brasseurs du Nord sont devenus un géant tranquille dans le monde brassicole québécois et élargissent continuellement leur marché. Sur réservation, il est possible de visiter les nouvelles installations plus « vertes ». Ces mesures, visant à limiter l'impact de l'agrandissement sur le milieu naturel ainsi qu'à augmenter l'efficacité énergétique du bâtiment, ont été intégrées avec succès lors des travaux.

Avec ses six bières régulières, principalement la Boréale Rousse, première bière à son actif et désormais une des bières de microbrasserie les plus vendues au Québec, Les Brasseurs

du Nord comptent toujours de plus en plus de bars, restaurants et détaillants parmi leur fidèle clientèle. D'ailleurs, pour souligner son 20e anniversaire en 2007, la microbrasserie a mis sur le marché la Brassin Festif, une ale ambrée aux arômes de prunes, réglisse et raisins, une édition limitée et fort intéressante.

BORÉALE DORÉE, ALE BLONDE, 4.8 %

D'un blond foncé, limpide et vif avec de légères teintes orangées. Des arômes bonbons, de miel et de houblons floraux forment son nez. En bouche, une bière très légère, minimalement maltée et sucrée, qui se termine sur une douce amertume.

BORÉALE NOIRE, ALE NOIRE, 5.5 %

Une bière totalement noire scintillante laissant passer quelques minuscules reflets acajou. Au nez, une admirable dominance de malt rôti et caramélisé. En bouche, un goût de malt rôti intense et de chocolat noir se lancent la balle pour notre bon plaisir. Son amertume est omniprésente avec les autres saveurs et s'imbrique à merveille.

MICROBRASSERIE DU LIÈVRE

110, A.-Paquette, Mont-Laurier
819-440-2440 / 1-888-722-1622
www.microdulievre.com

Cette microbrasserie, propriété de la famille Sabourin, fut fondée pour le nouveau millénaire, dans le complexe hôtelier « Le Riverain ». Le 1er janvier 2000 à minuit tapant était née la première bière de microbrasserie dans les Hautes-Laurentides. L'idée fit son petit bout de chemin et suite à l'obtention des permis artisanaux et industriels, les bières du Lièvre se sont retrouvées chez les commerces et détaillants spécialisés. Gingembre, carotte, miel et jalapeños ne sont que quelques exemples d'ingrédients composant ces bières « excentriques » et ô combien surprenantes ! Et elles doivent certainement plaire aux bièrophiles à en juger par les nombreux prix remportés au cours des quatre dernières années.

La microbrasserie du Lièvre offre sept produits réguliers dont la Carotte du Lièvre, une bière crémeuse à la carotte, et la Jos Montferrand, une ambrée au goût caramélisé. Deux Indian Pale Ale, offertes uniquement en format de un litre, sont brassées selon les saisons.

MONTOISE,
ALE BLONDE, 5.4%
Une bière blonde dorée tirant vers la paille, conséquence de son état voilé. Au nez, on y distingue des houblons aromatiques et une présence d'agrumes. En bouche, une saveur de houblon fruité et un léger arrière-goût citronné. Son amertume est bien balancée avec le reste, c'est-à-dire, légère et agréable.

GINGER BEER,
ALE BLONDE, 5%
D'un blond très clair, aux arômes de gingembre. En bouche, elle a un corps léger et rafraîchissant, avec un goût prononcé de gingembre et une note d'épices. Cette bière a remporté une médaille d'or au Mondial de la Bière 2007.

MICROBRASSERIE SAINT-ARNOULD
435, des Pionniers, Mont-Tremblant
819-425-1262
www.saintarnould.com
Saint-Arnould, le saint patron de la bière, est né en 1040 à Odemburg en Belgique. Quant à la microbrasserie du même nom, c'est à Mont-Tremblant qu'elle a vu le jour en 1996. Depuis, plus d'une dizaine de recettes ont été brassées dans ce bâtiment fort champêtre des Hautes-Laurentides. Chez les détaillants spécialisés, on retrouve principalement les bières suivantes : la Rivières Rouge, une rousse au parfum de houblon et la P'tit Train du Nord, une blonde extra-sec.

Sur place, des visites guidées disponibles uniquement pour les groupes et sur réservation, d'une durée d'environ 20 minutes, permettent aux visiteurs de découvrir l'origine de la bière, les procédés de fabrication et la vie de Saint-Arnould. Des dégustations sont possibles sur demande. On peut aussi grignoter et découvrir d'autres excellents produits Saint-Arnould au pub de la microbrasserie (voir section « bistro spécialisé » de cette région).

P'TIT TRAIN DU NORD,
ALE BLONDE, 5.5%
Sans doute la bière la plus commercialisée de la microbrasserie Saint-Arnould. D'un beau jaune clair, elle offre de très légers arômes de fruits au nez, ainsi que des notes de houblon. En bouche, elle présente des saveurs de malt, de houblon et d'agrume. L'amertume est douce et quelque peu houblonnée.

VLIMEUSE,
ALE AMBRÉE, 6.2%
La Vlimeuse est une bière forte aux teintes orangées légèrement voilées. Au nez, une intensité qui se développe doucement avec des arômes fruités et épicés. En bouche, bien que corsée, cette bière est très douce avec un goût sucré qui persiste avant de laisser place à une légère amertume.

BRASSERIES ARTISANALES

LES BRASSEURS QUI FUMENT
383, Principale, Lachute
450-562-4447
www.lesbrasseursquifument.com
Fermé lun ; mar-ven, 15h-23h ; sam, 12h-23h ; dim, 12h-20h
Ce qui fait la particularité de ce repaire gourmand c'est qu'en plus de produire des bières artisanales, on retrouve sur place une gamme de produits charcutiers et de fumaison. Ces derniers sont d'ailleurs disponibles dans diverses épiceries et détaillants de la région. Smoked-meat à l'ancienne, rillettes de canard fumé, saucisses, assiette de fromages artisanaux, crème brûlée à la bière brune... de quoi faire gronder l'es-

MICROBRASSERIE LA DIABLE

117, Kandahar, Mont-Tremblant
819-681-4546
Lun-dim, 11h30-fermeture (la cuisine ferme à 22h)

La Diable est une des brasseries artisanales les plus achalandées de la province. Située dans la station touristique du Mont-Tremblant, elle tient son nom de la rivière qui passe tout près des lieux. Avant d'ouvrir en 1995, les propriétaires André Poirier et Pierre Jasmin travaillaient tous deux comme ingénieurs dans l'industrie pétrolière. M. Jasmin brassait alors de la bière maison depuis longtemps et c'est l'idée d'ouvrir une microbrasserie plutôt qu'une brasserie artisanale qui l'intéressait. Mais compte tenu du marché de la bière à cette époque, et suite aux difficultés rencontrées par « la deuxième vague des microbrasseries », ils décidèrent d'opter pour la brasserie artisanale. Les habitués de la station de Mont-Tremblant ne peuvent que les remercier de cette décision, car leurs bières originales, diversifiées et de très bonne qualité savent assouvir les papilles autant internationales que locales. Accompagnez une de leurs sept bières d'un des excellents repas préparés par le Chef Michel Bonnot et le tout devient alors une sublime expérience gustative.

tomac de toute personne normalement constituée. Et que dire de leurs bières maison ! De tout pour tous les goûts, de la blanche à la brune. Sur place, demandez qu'on vous raconte l'histoire reliée au nom de votre bière car elle en vaut vraiment la peine. Décidément une nouvelle adresse à découvrir !

LA BROWN, ALE BRUNE, 5%
D'un brun profond surmonté d'un beau col de mousse, cette bière houblonnée est peu amère contrairement à ce qu'on pourrait s'en attendre. Elle a un corps corsé en raison de son malt torréfié de type anglais. Elle surprend et la rumeur court qu'elle sera déclarée Brown Ale de l'année en 2023 par un jury interplanétaire...

LA MAUDE, BLANCHE, 5%
Une bière de blé et de sarrasin de type belge. Au nez, on perçoit des effluves épicés alors qu'en bouche, on dénote son goût légèrement acidulé, avec une touche de coriandre, et une finale digne du fruit défendu.

BLIZZARD, BLANCHE, 5%
Une blanche très claire, aux reflets jaune. Son odeur est douce, l'amalgame de blé, de citron et d'épices respire la fraîcheur. Les saveurs du blé sont prédominantes en bouche et s'unifient habilement à la coriandre et au gingembre qui titillent la langue et dont on ressent encore le passage, en arrière-goût.

EXTRÊME ONCTION, ALE AMBRÉE, 8.5%
Une bière forte de style trappiste. Au nez, les odeurs du malt complémentent bien celle des épices. En bouche, le goût du malt et du caramel, mélangés avec l'équilibre entre les saveurs d'épices, s'intègrent habilement au goût laissé par le taux d'alcool élevé.

Une amertume de houblon termine
une très belle rencontre.

BISTRO SPECIALISÉ

SAINT-ARNOULD RESTO-PUB

435, des Pionniers, Mont-Tremblant
819-425-1262
www.saintarnould.com
Ouvert tous les jours, 11h30-23h
Le pub de la microbrasserie Saint-
Arnould permet d'explorer la variété
des bières brassées sur place en plus
d'offrir un excellent menu pour faire le
plein d'énergie.
Le restaurant du Saint-Arnould prépare
des pizzas avec pâte de levain à la bière,
des burgers, des amuse-gueules, mais
aussi une table d'hôte très élaborée
où l'on retrouve du gibier comme
le canard, le bison et le sanglier, le
tout concocté à la bière maison. Côté
houblon, essayez la Bière des Anges,
une blanche de blé malté avec des
écorces d'orange et des épices, ou
l'Évêque, une brune aromatisée au miel
et à la coriandre.

DÉPANNEURS
ET MARCHÉS
D'ALIMENTATION

MARCHÉ VAILLANCOURT

878, du Village, Morin-Heights
450-226-2215
Une petite épicerie sympathique
qui saura satisfaire les envies des
connaisseurs de bières et les fins
gastronomes. Quasiment toutes les
bières brassées au Québec y sont
vendues. Une fois sur place, on vous
conseille aussi de jeter un coup d'œil
au rayon alimentation, qui regorge
de produits du terroir (dont ceux du
Gourmet du Village), de charcuteries
faites maison (saucisses, rillettes et
saucissons notamment). Des produits
frais sont également vendus sur place.

Régions

FAIM D'LOUP

60, de la Gare, Saint-Jérôme
450-565-3331
*Lun-mer, 10h-17h30 ; jeu-ven, 10h-19h ;
sam, 10h-17h ; dim, fermé*

La Faim d'Loup est une épicerie fine
et un saucissier bien connu dans la
région des Basses Laurentides. C'est
aussi le lieu où faire le plein de bières
de microbrasseries québécosies avec
notamment les produits de La Barberie,
Dieu du Ciel !, Les Frères Houblon,
Unibroue et la du Lièvre. Si vous désirez
faire un cadeau gourmand à un être
cher, Faim d'Loup peut confectionner
sur place des paquets-cadeaux incluant
plusieurs de leurs excellents produits
comme les saucisses à la bière et les
fromages.

LA CAVE À BIÈRES

856, de Saint-Jovite, Mont-Tremblant
819-681-7447
*Lun-mer, 10h30-17h30 ; jeu-ven, 10h30-
20h ; sam-dim, 10h30-17h*

François Viau a eu la bonne idée il y a
quelques années d'ouvrir un magasin
dédié à la bière et à l'eau de source.
D'ailleurs, l'enseigne à l'extérieur
nous l'indique bien : La Cave à Bières
– eaux et bières du monde. Une
fois à l'intérieur, l'amateur se réjouit
immédiatement à la vue des étalages
où le houblon est roi et maître dans ce
commerce. Carole Berthelot, la nouvelle
propriétaire, choisit judicieusement les
produits qu'il désire vendre et conseille
de manière exemplaire les visiteurs en
quête d'une belle expérience gustative.
La microbrasserie La Barberie brasse
une bière exclusive pour la Cave à
Bières : la Tremblant, une blanche de
type allemande (Weizen). Une partie du
commerce est également aménagée
en épicerie fine pour un mariage
mets et bières lors de vos soirées de

dégustation. Un arrêt obligé dans
la région pour les bièrophile de ce
monde !

Et aussi :

DÉPANNEUR AU PETIT CENTRE
193, Principale, Huberdeau
819-687-2151

DÉPANNEUR DE LA VALLÉE DE LA ROUGE
7189, Curé-Labelle, Labelle
819-686-2542

DÉPANNEUR L'ESSENTIEL PLUS
2105, du Tour du Lac, Nominingue
819-278-0177

IGA ROBERT TELLIER
412, rte 117, Mont-Tremblant
819-681-0330

LA PORTE DES BIÈRES
604, Fournier, Saint-Jérôme
450-438-3789

MARCHÉ CHÈVREFILS
222-A, du Lac-Millette, Saint-Sauveur
450-227-8734
Promenades Sainte-Adèle, Sainte-Adèle
450-229-2345
1050, Principale, Sainte-Agathe-des-Monts
819-326-2822

SAUCISSERIE BDF
408, Adolphe-Chapleau, Bois-des-Fillion
450-621-0611

LAVAL

PRATIQUE

TOURISME LAVAL
2900, Saint-Martin, O, Laval
450-682-5522 / 1-877-465-2825
www.tourismelaval.com

BRASSERIES ET MICROBRASSERIES

AU MAÎTRE BRASSEUR
4528, Louis-B Mayer, Laval
450-688-8281
www.aumaitrebrasseur.com
Le maître brasseur, Pascal Desbiens, vient de fêter le 2e anniversaire de sa microbrasserie et son succès reste indéniable. En plus de ses produits réguliers offerts en tout temps et de ses « étoiles filantes » uniques et rarissimes, Au Maître Brasseur conçoit des bières exclusives et personnalisées, comme La Vice et Versa, développée pour le bistro montréalais du même nom. Pour découvrir ses excellents produits brassicoles, un salon de dégustation de style pub est à votre disposition (voir section « bistro spécialisé » de cette région). Pour ceux qui désirent s'initier ou se perfectionner au monde brassicole, Pascal donne des cours à sa brasserie. Profitant de près de 20 ans d'expérience en brassage et d'une vingtaine de médailles gagnées lors de concours nationaux, il est également chroniqueur

pour le journal Le Sous-Verre et donne des conférences chaque année au Festival Bières et Saveurs, événement pour lequel il a brassé la première bière officielle.

L'ALTESSE,
ALE BRUNE, 5%
De couleur cuivrée aux teintes caramel, légèrement voilée. Au nez, un arôme subtil de malt caramel qui se sent bien en bouche. En bouche, une bière très goûteuse, avec des goûts de houblons floraux, d'alcool et de malt caramel. Une bonne amertume termine l'expérience.

LA SCOTTISH,
SCOTCH ALE, 5%
D'une robe rougeâtre foncée aux reflets cuivrés, la première chose qui nous surprend est son arôme de pomme verte. En bouche, des notes sucrées qui rappellent le jus de carotte que nos mères préparaient autrefois... Ceux qui l'essayeront auront probablement tous une description différente de cette bière !

GROUPE GELOSO
3838, Leman, Laval
450-661-0281 / 1-800-667-8764
www.groupegeloso.com
Groupe Geloso est mieux connu pour ses vins et boissons alcoolisées à faible teneur en alcool. Possédant plusieurs divisons, les amateurs de bières connaissent bien ses trois grandes

Dans les années 60, le Saint Adresse, un bateau transportant 50 000 caisses de bières O'Keefe, a échoué au large de la Côte-Nord, dans l'est de la province. En pleine nuit, quand la marée était basse, les bièrophiles les plus téméraires se rendaient sur l'épave du cargo pour récupérer les caisses du précieux nectar largué à la mer. Devant un tel gaspillage, la célèbre brasserie décida d'engager des gardes de sécurité pour surveiller la cargaison, ce que ces petits futés firent, tout en chargeant cinq dollars par caisses de vingt-quatre bouteilles... L'histoire n'indique pas si l'expression « la mer à boire » provient de cette anecdote, mais la microbrasserie Au Maître Brasseur a décidé de dédier une bière, la « Sainte Adresse », à la mémoire de cet évènement.

marques : les bières Bowes (Classic Light, Rousse, Original Lager et Double Dry), Alberta's Best et Gros Cochon. Au fil des ans, le Groupe Geloso s'est vu attribué de nombreux prix dont la médaille d'or au prestigieux Monde Sélection de Bruxelles en 2003 pour la Bowes Double Dry. Des bières légères et rafraîchissantes que l'on trouve facilement dans les marchés d'alimentation et les dépanneurs.

BOWES ROUSSE,
ALE ROUSSE, 4.5%
La couleur de cette bière résulte de l'emploi de malt d'orge caramélisé que l'on perçoit bien au nez également. En bouche, la délicate saveur de caramel est équilibrée par le voile subtil et rafraichissant du houblon qui laisse une belle amertume en arrière-goût.

BOWES ORIGINAL LAGER SPECIAL 7, LAGER, 4.9%
Une blonde généreuse et bien équilibrée. Au nez, un arôme d'herbes et d'épices mélangé à une touche de parfum de fleurs et de citron. En bouche, un goût légèrement fruité et une belle amertume qui se termine discrètement.

BISTRO SPECIALISÉ

AU MAÎTRE BRASSEUR
4528, Louis-B Mayer, Laval
450-688-8281
www.aumaitrebrasseur.com
Salon de dégustation : lun-ven, 11h30-13h30 ; mer-ven, 16h-23h ; sam, 13h-22h - dim-mar, en soirée sur réservation seulement
Que diriez-vous de pouvoir vous abreuver directement à la source ? La microbrasserie Au Maître Brasseur a tenu à vous faire plaisir et a aménagé un salon de dégustation sur le site même de ses installations de brassage. Une dizaine de bières sont toujours au menu et pour les petits creux, pensez à apportez votre lunch car ici, seule la bière règne... et le Tricolore dont les matchs sont diffusés en direct au salon durant la saison de hockey ! Prenez note que le salon de dégustation est disponible pour location afin d'organiser un événement « haut en saveurs » selon vos besoins et budget.

DÉPANNEURS ET MARCHÉS D'ALIMENTATION

DÉPANNEUR À TOUT PRIX
2915, Concorde E, Laval
450-661-5152
Lun-dim, 7h-23h
Le dépanneur À Tout Prix est un grand spécialiste de la bière au nord de Montréal. Plus encore, ce commerce est considéré comme une référence dans le monde de la bière. Quasiment toutes les bières brassées au Québec sont en vente ici. Le Dépanneur À tout prix est donc une excellente vitrine des microbrasseries québécoises : Dieu du Ciel !, La Barberie, Les Trois Mousquetaires, Unibroue, McAuslan, Breughel...

DÉPANNEUR WILSON
3875, Sainte-Rose, Laval O
450- 627-0485
Lun-sam, 6h30-22h30 ; dim, 7h30-22h30

Régions

Lorsque Normand Wilson a hérité de l'entreprise familiale bâtie par son père, il a décidé d'en profiter pour consacrer une partie du commerce à l'une de ses passions : la bière. Au fil du temps, Normand a amassé une foule d'objets de collection reliés à l'histoire de la bière au Québec : caisses de Molson en bois, affiches promotionnelles, verres, calendriers, vieilles bouteilles… Vous trouverez ici les bières d'à peu près toutes les microbrasseries québécoises et Normand, comme tout bièrophile rigoureux, accorde une importance primordiale à la qualité des produits. Il affirme qu'on ne trouvera jamais dans son commerce une bière dont on douterait de la fraîcheur car de toute façon, lorsqu'une bière approche de sa date de péremption, soit il la vend soit il la boit…

Et aussi :

FROMAGERIE DES NATIONS
3535, autoroute 440 O, Laval
450-682-3862

MARCHÉ MICHEL DÉPATIE
1100, de l'Avenir, Laval
450-687-8233

LAC BLANC © M. JULIEN

MAURICIE

PRATIQUE

TOURISME MAURICIE
795, 5ᵉ Rue, Bureau 102, Shawinigan
819-536-3334 / 1-800-567-7603
www.tourismemauricie.com

MICROBRASSERIES

À LA FÛT
670, Notre-Dame, Saint-Tite
418-365-4370
www.alafut.qc.ca
Cette coopérative de travail est née de la rencontre entre trois ingénieurs. Initiés en 2004 au brassage artisanal et à l'art de servir la bière pression, l'idée d'ouvrir une microbrasserie a fait son bout de chemin et a mené à la création de À la Fût. Trois des bières sont actuellement disponibles en fûts de 5 ou 10 litres à la Coop directement, ou à la pinte dans certains établissements spécialisés de la province. Un salon de dégustation adjacent à la salle de production permet aux bièrophiles de découvrir Ma Première Blonde, La British et La Mékinoise à l'endroit même où elles sont brassées (voir section « bars-bistro-resto spécialisés » de cette région). Une saisonnière change au gré du temps.

Pour ceux qui aimeraient pouvoir déguster leur bière à la maison, on devrait voir arriver les bouteilles sur nos tablettes sous peu... Espérons que ce sera chose faite lors de la parution de ce guide !

LA BRITISH,
ALE BRUNE, 4.7%
Une brune de type anglaise. Au nez, des arômes de chocolat et de houblon qui sont également bien présents en bouche. Un goût de noix est bien présent tout au long de l'expérience gustative et se termine sur une douce amertume.

LA MÉKINOISE,
ALE AMBRÉE, 6.5%
D'une belle couleur orangée, une bière de type belge à la saveur de malt caramélisé et de houblon avec un soupçon de coriandre. Des effluves sucrées et épicées avec une amertume en bouche qui se prolonge en douceur.

LES BIÈRES
DE LA NOUVELLE-FRANCE
ÉCONOMUSÉE DE LA BIÈRE
90, Rang Rivière aux Écorces,
Saint-Alexis-des-Monts
819-265-4000
www.lesbieresnouvellefrance.com
Aux limites de la Mauricie, une brasserie artisanale, issue de la collaboration d'un maître-brasseur belge et d'entrepreneurs québécois, a vu le jour il y a quelques années. D'abord brassées pour étancher la soif des touristes en visite sur place, les bières de la microbrasserie Nouvelle-France se sont rapidement retrouvées sur les tablettes des détaillants les plus spécialisés en bière. Elles ont comme particularité d'être brassées en utilisant une bonne portion de grains crus d'utilisation ancestrale comme le riz, l'épeautre et le sarrasin. La malterie expérimentale que possède cette microbrasserie permet à cette dernière de pousser les recherches vers l'utilisation de nouveaux malts afin, entres autres, de produire des bières sans gluten. Il est possible de visiter la brasserie et son centre d'interprétation des métiers d'art et d'agroalimentaire pendant la

URBAD, UN SYSTÈME
UNIQUE EN SON GENRE

URBAD est un appareil numérique qui contrôle à la fois la pression et la température de la bière pression achetée et conservée à la maison. Presque tout le monde s'entend pour dire que le fût est le meilleur contenant pour conserver la bière mais, encore faut-il le maintenir à bonne température. URBAD est la solution tout indiquée ! Grâce à son système de refroidissement thermoélectrique avec contrôle numérique, le service d'une bière à même le fût devient presqu'un jeu d'enfant.

Les appareils URBAD, disponibles pour location ou achat, viennent avec une trousse complète à l'intention de l'utilisateur : un fût, une bouteille de gaz, un guide d'instructions, le logiciel de dégustation, l'équipement de nettoyage... Offert en différents modèles, cet appareil est facile à utiliser et à entretenir et peut être assorti de divers accessoires sur demande. Il est pour l'instant disponible uniquement à la coopérative de travail À la Fût.

Pour plus d'informations. visitez leur site Internet au www.alafut.com ou contactez-les par téléphone au 418-365-4370.

saison touristique (pour groupes de 10 personnes et plus, 6$ par personne). Un bistro et une petite boutique font également partie des services offerts par la microbrasserie (voir section « bars-bistro-resto spécialisés » de cette région).

AMBRÉE DE SARRASIN,
ALE AMBRÉE, 5%
Une bière légèrement voilée, dorée, foncée, aux teintes vives s'approchant de l'orangé. Sa mousse est plutôt fine, mais reste tel quel le temps d'une bière. Un nez bien présent de levure, d'épices et de malt. En bouche, une arrivée sucrée légèrement fruitée avec un petit goût agréable probablement issu du sarrasin.

CLAIRE FONTAINE,
ALE BLONDE, 4.5%
Une bière à peine voilée et d'un jaune vif. Au nez, on reconnaît le grain et probablement le sirop de maïs. En bouche, une bière passablement mince mais ô combien rafraîchissante, avec un goût de malt pâle sucré. Son amertume est symbolique et disparaît avec la bière.

LES FRÈRES HOUBLON
10 180, Sainte-Marguerite, Trois-Rivières
819-380-8307
http ://lesfrereshoublon.com
À l'origine des Frères Houblon, on retrouve trois produits régionaux trifluviens : Frédérick Soubrier, David Lafrenière et Louis-Jean Doesburg. Les trois anciens étudiants de l'Université du Québec à Trois-Rivières, se sont lancés dans l'aventure brassicole en janvier 2003.
Leur passion pour le houblon remonte au moment où Frédérick et Louis-Jean étudiaient ensemble à l'école secondaire. Ils ont commencé à brasser, avant même d'avoir l'âge légal pour boire de la bière. Quelques années plus tard, alors qu'il était en Normandie pour un voyage d'études, Frédérick rencontra Alain Debourg chercheur en bio-alimentation et spécialiste de la bière à l'institut Meurice en Belgique. Ses conseils et enseignements sur la levure ont été l'élément déclencheur qui a convaincu Frédérick de mettre en branle le projet de microbrasserie avec David et Louis-Jean, ce dernier ayant quitté la coopérative en 2005. Les Frères Houblon distribuent sept bières, allant de la blanche de blé et d'avoine à la brune de type belge, dans de nombreux points de vente à travers la province.

BIÈRE ROUSSE,
ALE ROUSSE, 6%
Une Pale Ale de type anglaise d'un rouge presque orange, avec un léger col blanc. Au nez, des arômes de malt légèrement fruités et délicats et des effluves d'épices. En bouche, les fruits prennent beaucoup de place, avec une note de caramel au passage. Cette bière se mêle très bien à la cuisson de ragoûts et de viandes braisées.

FONTAINE DU DIABLE,
ALE BRUNE, 7.7%
Cette brune de type belge a un arôme de malt grillé, acidulé. D'un beau brun foncé à saveur de houblon, de fumé, de malt grillé et de fruits (il semble y avoir des cerises). Le corps, bien que petit, fait bien le travail. Le tout se termine sur des notes un peu fumées.

BRASSERIES ARTISANALES

BROADWAY PUB
540, Broadway, Shawinigan
819-537-0044
www.broadwaypub.net
Pub : lun-ven, 11h-3h ; sam-dim, 12h-3h ; la cuisine ferme tous les jours à 19h. Plan B : jeu-sam, 22h-3h.
Le Broadway Pub, une adresse bien connue dans la région, existe depuis maintenant treize ans. La tendance à la hausse de la consommation de bières de spécialité ainsi que la passion des propriétaires du Broadway ont mené à l'ouverture de la brasserie artisanale adjacente au pub, en décembre 2006. Depuis, la qualité et la diversité de leurs bières n'ont cessé d'attirer de nouveaux clients qui viennent casser la croûte et boire une pinte entre amis au pub et finissent par se déhancher au son des DJs du côté du Plan B. Cette salle peut être réservée pour des événements ou partys privés.
Ce concept qui allie pub, bières artisanales et discothèque fonctionne à merveille et c'est définitivement une adresse à retenir pour ceux qui sont de passage en Mauricie.
À noter : de nombreux événements sont organisés comme des dégustations de bières, des spectacles, des soirées thématiques au Plan B, etc.

LA CÉLÉBRATION,
ALE ROUSSE, 5%
Cette belle rousse de type Vienna-

Oktoberfest allemande nous enchante par sa couleur chaleureuse. Au nez, un mélange de malt et caramel qui se transforme en un goût riche en bouche où caramel et amertume sont bien balancés. Une bière qui inspire à la fête !

LA SHERLOCK HOLMES, ALE NOIRE, 3.9%

Faible en alcool mais riche en saveurs, cette stout est surmontée d'un collet beige crémeux. Ses arômes de torréfaction rappellent le café et son amertume, le chocolat noir. L'équilibre amer-sucré réside bien en bouche et l'arrière-goût ne persiste pas longtemps.

CHEZ GAMBRINUS

3160, des Forges, Trois-Rivières
819-691-3371
Lun-ven, 11h-1h ; sam, 15h-1h ; dim, fermé
Situé à proximité de l'Université et du Cégep de Trois-Rivières, Chez Gambrinus a acquis au fil des ans une réputation notoire, tant auprès des jeunes étudiants qui se rencontrent ici après les cours qu'auprès des bièrophiles en quête d'une bonne pinte.

En plus d'offrir une vaste sélection de bières de microbrasseries québécoises, des recettes maison sont brassées avec amour et patience au grand bonheur des amateurs de houblon. Il en résulte des bières très typées comme la Galarneau, une ambrée au nez de caramel, ou la Veuve Noire, une stout à l'avoine au nez de café. Et pendant que vous y êtes, essayez l'incontournable Pale Ale dont on parle bien au-delà des frontières de la région ! D'une durée de trente minutes, des visites commentées et des dégustations peuvent être organisées sur réservation pour les petits groupes. Le coût est d'environ 15 $ par personne. Il est également possible de faire la visite si vous êtes sur place en journée.

Pour les petits creux, Chez Gambrinus propose une cuisine très variée : plats à base de gibiers, moules, grillades, hamburgers, assiettes de saucisses, ailes de poulet, nachos, chilis, salades…

PALE ALE, ALE ROUSSE, 6.5%

Une belle bière scintillante, dorée foncée, avec un nez puissant de houblon dominant quelques arômes de malt. En bouche, une bière bien ronde, maltée, au goût caramélisé, où vient exploser une super amertume résineuse, un cadeau pour les amateurs de houblon.

VEUVE NOIRE, ALE NOIRE, 4%

Une bière très noire avec un beau col qui tient jusqu'à la fin. Au nez, elle propose des arômes de café avec des soupçons de chocolat. Elle a un corps soyeux et crémeux dans lequel se marie l'orge grillée, le chocolat et le café, le tout se terminant sur de délicieuses notes fumées.

LE TROU DU DIABLE

412, Willow, Shawinigan
819-537-9151
www.troududiable.com
Dim-mar, 15h-23h ; mer-jeu, 15h-1h ; ven-sam, 15h-3h. Cuisine ouverte mer-dim, 17h-21h.
En décembre 2005, cinq comparses ont mené à termes un projet longuement planifié et attendu : l'ouverture de la brasserie artisanale Le Trou du Diable. Cette coopérative de travail, au nom bien original, offre en plus de ses excellentes bières maison, une cuisine fort colorée où mets d'ici et d'ailleurs se mélangent au grand profit de nos papilles gustatives. L'emphase est mise sur les produits d'artisans locaux afin de nous faire découvrir l'excellence de notre table, en plus de soutenir l'économie locale.

Pour ce qui est des bières artisanales, Le Trou du Diable offre toujours huit de ses produits en pompe, en rotation selon les saisons et les humeurs, car c'est en tout plus d'une trentaine de bières qui sont brassées ici au fil des mois. Il y en a tellement que nous vous conseillons de consulter leur site Internet pour vous mettre l'eau à la bouche !

Une foule d'événements allant d'expositions d'art visuel aux spectacles

musicaux, en passant par les soirées de contes, sont organisés chaque semaine et pour les mordus de la bière, deux soirées « bières philosophales » se tiennent à chaque mois. C'est ici que l'expression « refaire le monde autour d'une bonne bière » prend tout son sens !

Mais d'où vient le nom de cette brasserie ? Le Trou du Diable, aussi appelé « Le Trou des mauvais Manitous » par les Amérindiens, est une formation géographique appelée « chaudron » se trouvant des les chutes de Shawinigan. La croyance folklorique veut que ce trou sans fond mène directement en enfer...

BLANCHE AUX FRAMBOISES, BLANCHE, 4.5%
Venant de la recette de la Blanche de Shawi, bière brassée également par Le Trou du Diable, on a ajouté 75 livres de framboises dans sa conception. Il en résulte une bière voilée de couleur rosée, au nez violent de petits fruits. Elle a un goût acidulé, désaltérant et bien empreint de cette sublime saveur de baie rouge.

LA GERMAINE, LAGER BLONDE, 5%
Corpulente bière blonde toute en céréales. On distingue légèrement au nez un arôme de miel et de noisette. En bouche, une amertume franche et agréable s'installe et termine doucement.

À LA FÛT
670, Notre-Dame, Saint-Tite
418-365-4370
www.alafut.qc.ca
Lun-mer, sur demande ; jeu, 15h30-minuit ; ven, 15h30-1h ; sam, 13h-1h ; dim, 13h-19h
La maison qui abrite la microbrasserie et son salon de dégustation date de 1865 et son cachet architectural d'époque reste encore bien présent. C'est dans cette ambiance champêtre que sont servies en ce moment sept bières artisanales de la microbrasserie À la Fût, dont des surprises saisonnières offertes seulement au salon. Des produits du terroir comme les fromages et viandes séchées sont proposées pour accompagner votre pinte de houblon. Pour ajouter à l'atmosphère déjà fort agréable, des dîners et soupers thématiques ainsi que d'autres événements sont organisés au salon au fil des mois. Restez « à la fût » de ce qu'il s'y passe !

BISTRO BOUSTIFAILLE BNF
90, Rivière aux Écorces,
Saint-Alexis-des-Monts
819-265-4000
www.lesbieresnouvellefrance.com
Lun-ven, 11h-fermeture ; sam-dim, 8h-fermeture
Imaginez pouvoir vous retrouver dans une auberge de l'époque de la Nouvelle-France où festivités, musique, convivialité, boustifaille et bonne bière règnent en rois et maîtres... C'est le concept même du Bistro Boustifaille de la microbrasserie Les Bières de la

Régions

Nouvelle-France. Le personnel, vêtu du costume traditionnel de l'aubergiste du 17ᵉ siècle, vous fera découvrir une cuisine régionale servie « à la bonne franquette », sans oublier les bières de l'excellente microbrasserie.

Afin de vivre pleinement l'expérience, des forfaits sont disponibles afin d'initier les visiteurs au merveilleux monde la bière. Le Forfait Brasseur inclut une visite des installations de brassage, une palette de dégustation et le repas. Le Forfait Gourmand comprend en plus une dégustation de trois bouchées concoctées à base de bière.

Avant de partir, n'oubliez pas de faire un arrêt à la petite boutique artisanale où bières, produits du terroir, chopes, artisanat et autres vous séduiront.

ÉCO-CAFÉ
AU BOUT DU MONDE

3550, des Trembles, Saint-Paulin
819-268-2555 / 1-800-789-5968
www.baluchon.com/auberge-mauricie/gastronomie_eco-cafe.cfm
Lun-jeu, 11h-18h ; ven, 11h-19h ; sam, 11h-20h ; dim, 10h-18h
Horaire prolongé en saison estivale.

Situé sur le site champêtre de l'Auberge Le Baluchon, ce café éco-gastronomique fait la promotion de l'alimentation de proximité et de la cuisine régionale, tout en favorisant la production naturelle et biologique. Des spécialités du terroir comme la cuisse de canard confit à la sauce miel de sarrasin, le duo de saucisses de cerf et de sanglier, ou la bavette de bœuf sauce au poivre, nous mettront l'eau à la bouche. Pour les petits appétits, entrées, salades ou paninis figurent également au menu sans compter son sublime gâteau au fromage et à l'érable du côté des douceurs. On retrouve aussi une très grande variété de thés provenant des quatre coins de l'Asie, du café bio-équitable, une excellente carte des vins et... les bières artisanales de l'Alchimiste, des Frères Houblon, de la brasserie Le Trou du Diable, et de la microbrasserie Les Bières de la Nouvelle-France.

DÉPANNEURS ET MARCHÉS D'ALIMENTATION

LA BARIK

4170, des Forges, Trois-Rivières
819-694-0324
www.labarik.com
Lun-mar, 9h30-20h ; mer & sam, 9h30-21h ; jeu-ven, 9h30-21h30 ; dim, 10h-18h

On sait qu'on ne s'est pas trompé d'adresse en arrivant devant La Barik ! Les caisses de bières trônent dans la vitrine et les enseignes sont synonymes de houblon. Plus de soixante brasseurs différents sont représentés... il ne reste qu'à faire rapidement le calcul pour constater la grande diversité de bières disponibles. On y retrouve à juste titre la plus belle sélection de bières dans la région et son personnel est bien formé pour vous donner des conseils judicieux.

La Barik, c'est également une petite boutique du terroir où se retrouvent chocolat, beurres, confitures, cidres, terrines, épices, fromages, vinaigrettes, moutardes et produits de l'érable.

Si vous désirez vous informer des nouveaux arrivages de bières, ou tout simplement consulter la disponibilité en magasin de certains produits, leur site Internet contient une liste à jour des nouveautés et un moteur de recherche pour les bières.

Et aussi :

AUX DIEUX DE LA BIÈRE

5770, Jean XXIII, Trois-Rivières
819-694-1444

MARCHÉ DU BOISÉ

7055, des Forges, Trois-Rivières
819-373-0254
www.marcheduboise.com

MONTÉRÉGIE

PRATIQUE

TOURISME MONTÉRÉGIE
2001, de Rome, 3ᵉ étage, Brossard
450-466-4666 / 1-866-469-0069
www.tourisme-monteregie.qc.ca

MICROBRASSERIES

BRASSERIE SAINT-ANTOINE-ABBÉ
3299, Route 209, Saint-Antoine-Abbé (Franklin)
450-826-4609
www.brasserie-saint-antoine-abbe.com
La Brasserie Saint-Antoine-Abbé ne produit pas seulement de la bière. C'est également une hydromiellerie et une miellerie. Gérald Hénault, brasseur et propriétaire, est aussi responsable de l'usine d'épuration d'eau à Valleyfield et sa formation en traitement des eaux est, selon lui, un atout majeur pour la qualité de ses produits. La brasserie produit quatre bières qu'on retrouve dans les dépanneurs et épiceries spécialisés : la blanche, la blonde, la rousse et la bière à l'épinette, en format de 660 ml. Situé dans un décor campagnard très accueillant, il est possible d'organiser des repas champêtres à partir de la cuisine du terroir. Pour ce type d'activité et pour les visites guidées, il est préférable de réserver à l'avance.

SAINT-ANTOINE-ABBÉ ROUSSE,
ALE ROUSSE, 5%
Une rousse plutôt opaque avec un nez
de caramel et de malt. Le goût du miel
est présent, l'amertume est douce et
elle offre un arrière-goût plutôt fruité et
caramélisé.

SAINT-ANTOINE-ABBÉ BLONDE AU
MIEL, ALE BLONDE, 5%
Sa robe est d'un beau jaune orangé.
Elle possède un arôme fruité et
mielleux qui se retrouve dans le goût.
La dégustation se termine sur une
légère amertume houblonnée. C'est
une bière très rafraîchissante, simple et
qui plaira au néophyte, autant qu'aux
dégustateurs plus chevronnés.

FERME BRASSERIE SCHOUNE
2075, Sainte-Catherine, Saint-Polycarpe
450-265-3765 / 1-877-599-5599
www.schoune.com
La Ferme-Brasserie Schoune tient son
nom de ses propriétaires d'origine
belge. Concept d'entreprise d'un
genre unique en Amérique du
Nord, les fermes-brasseries étaient
autrefois monnaie courante en
Europe. Cette caractéristique de
l'entreprise lui permet de produire sur
la ferme familiale une grande partie
des matières premières servant à
l'élaboration de ses bières. Des visites
de la ferme-brasserie sont possibles sur
réservation.

La Ferme-Brasserie Schoune
produit des bières refermentées en
bouteilles auxquelles on ajoute une
panoplie d'épices mystérieuses, tenues
jalousement secrètes par la famille. Les
Schoune ont le désir de produire des
bières de grande qualité possédant
des caractères très distinctifs. Depuis
les débuts de la brasserie, presque
toutes les bières ont remporté au
moins une médaille dans des concours
d'envergure internationale. D'ailleurs,
comme nul n'est prophète en son pays,
la grande partie de la production est
exportée vers l'étranger. Les bières
Schoune peuvent être dégustées en
Suisse, en Belgique, en France et aux
États-Unis.

Une grande nouveauté en
2008 : l'apparition d'une bière 100%
québécoise brassée par les Schoune.
Un demi-arpent de leurs terres a été
aménagé pour la culture du houblon
ce qui lui permet d'avoir une palette
plus riche d'arômes. Cette culture exige
cependant une bonne dose de labeur
et espérons que cette nouvelle bière
sera appréciée à la hauteur des efforts
mis de l'avant pour la concocter.

SCHOUNE À L'ÉRABLE,
ALE BLONDE, 5%
Une bière blond paille légèrement
voilée avec une mousse généreuse.
Une profusion d'arômes de sucre
d'érables tout doux s'en échappe.
Une légère acidité donne un superbe
effet de rafraîchissement et une légère
amertume fait office de tremplin pour
l'adieu des saveurs de l'érable. À servir
impérativement en verre si on veut
bénéficier des arômes.

LA TRIP DES SHOUNE,
ALE SPÉCIALE, 8%
C'est l'apothéose de l'éclatement des
frères Schoune ! Brassée avec 44 épices,
elle est vieillie pendant 5 mois. Au nez,
les arômes sucrés de caramel sont
facilement perceptibles. En bouche,
elle est tout aussi présente et offre
des goûts de malt et céréales suivis
rapidement par la horde d'épices et un
relent de goût de levure et de bonbon
au beurre.

MICROBRASSERIE
LES TROIS MOUSQUETAIRES
3455-A, Matte, Brossard
450-619-2372 / 1-866-619-2372
www.lestroismousquetaires.ca
Après avoir été collègues de travail
pendant une vingtaine d'années chez
Imperial Tobacco, Sylvain, Daniel et
Sylvain ont commencé à chercher
les opportunités qui s'offraient dans
le milieu brassicole québécois. En
juin 2004, les associés achètent
l'équipement d'Express-broue pour
les déménager de Saint-Eustache à
Brossard. Trois mois plus tard, leurs
bières se retrouvent sur chez les
détaillants spécialisés. Le maître

brasseur, Jonathan Lafortune, un jeune homme qui s'était démarqué au niveau provincial lors de certains concours de brassage amateur, est arrivé dans l'équipe un peu à la façon de d'Artagnan (clin d'œil ici à leur excellente lager blonde d'inspiration allemande). Huit mois après le début de leurs activités, on pouvait retrouver les produits des Trois Mousquetaires dans plus d'une centaine de points de vente à travers la province.

Il est possible de visiter les installations brassicoles et d'acheter leurs excellentes bières sur place.

MILADY, ALE BLONDE, 5%

Cette blonde de blé filtrée est scintillante et offre des effluves de bananes et de clou de girofle. En bouche, elle est légèrement acidulée et on sent bien son goût délicat et enivrant de banane. Son arrière-goût est court et agréable.

OKTOBERFEST,
ALE ROUSSE, 6%

L'oktoberfest est une bière couleur caramel, aux reflets orangés. Les odeurs de houblon annonce une belle descente en bouche. Au goût, elle est un peu houblonnée, maltée et caramélisée. L'amertume houblonnée ne s'étale pas très longtemps et c'est somme toute une bière bien équilibrée.

UNIBROUE

80, des Carrières, Chambly
450-658-7658
www.unibroue.com

Depuis ses débuts, Unibroue offre principalement des bières de type belge refermentées en bouteilles. Ses bières très typées aux saveurs franches sont d'excellentes bières de dégustation. La refermentation en bouteille ayant des propriétés de conservation nettement supérieures, les bières d'Unibroue sont donc aussi de bonnes candidates pour un vieillissement en cave. En plus, pour le propriétaire d'une cave à bières, ces formats réagissent différemment au vieillissement, ce qui multiplie les possibilités pour l'inventaire de la cave !

Malgré le fait qu'Unibroue appartienne aujourd'hui à l'Ontarienne Sleeman Breweries, elle est fièrement québécoise et a choisi de puiser les noms de ses bières dans le patrimoine provincial : la Maudite faisant référence à la légende de la chasse-galerie, la Fin du Monde étant l'extrême limite pour les explorateurs d'antan, ou la Bolduc étant nommée ainsi en l'honneur de cette chanteuse semeuse d'espoir lors de la grande dépression de 1929. Aussi, Unibroue sera le brasseur officiel des célébrations entourant le 400e de la Ville de Québec.

Aujourd'hui, la brasserie de Chambly est devenue le leader dans le monde québécois de la microbrasserie et un des chefs de file pour l'exportation. Ses bières sont maintenant bien connues aux quatre coins du monde.

BLANCHE DE CHAMBLY,
BLANCHE, 5%

Une belle blanche voilée plutôt pâle rappelant la paille séchée. Au nez, c'est une petite explosion fort agréable d'arômes d'agrumes et d'épices. En bouche, elle est tout aussi agréable et présente. C'est un bouquet de fraîcheur, très fruité, où l'on retrouve des saveurs d'orange douce, un clin d'œil d'érable et une touche d'acidité. Une délicate amertume signe la fin sans fracas.

DON DE DIEU,
ALE BLONDE, 9%

Une bière d'apparence très riche, blonde brouillée avec un coeur plus bruni. Au nez, des arômes laissant croire à la présence d'agrumes, de banane et de levure. En bouche, c'est surtout la présence des fruits, du blé et de la banane. En seconde vague, des agrumes, des épices douces et une certaine dose d'acidité. Son amertume très large mais d'une intensité relative termine à merveille le genre très particulier de cette bière.

BRASSERIES ARTISANALES

BEDONDAINE ET BEDONS RONDS
255, Ostiguy, Chambly
450-447-5165
www.bedondaine.com
Lun, fermé; mar-mer, 15h-minuit; jeu-sam, 11h30-1h; dim, 11h30-23h

Le premier brasseur artisanal de Chambly a ouvert ses portes en avril 2005. Le propriétaire brasseur est Nicolas Bourgeault qui s'était formé la main dans diverses brasseries pendant dix ans. L'intérieur est un véritable petit musée, avec les horloges de compagnie de bières d'une autre époque, la collection de bouteilles, les plateaux, et les panneaux de réclames qui ornent les murs. Au total : 26 000 items anciens et actuels, décorent le salon de dégustation. Côté houblon, plus de trente bières sont brassées avec amour annuellement. Vous hésitez ? Essayez leur palette de dégustation et pour les plus curieux,

profitez des visites de l'atelier de production.Le site Internet indique quelles bières sont disponibles.

**LA BARITEAU,
ALE ROUSSE, 5%**
Une rousse presque cuivrée, voilée et surmontée d'un col généreux et durable. Ses arômes fruités et légèrement maltés laissent la place au caramel et au malt, plus présents en bouche. Un corps très intéressant, bien travaillé. Une douce amertume termine la dégustation adéquatement.

LE BEDON, ALE NOIRE, 5%
Une douce stout, avec une belle robe opaque, brunâtre, surmontée d'un col crémeux. Au nez, on note d'emblée le café, le chocolat et le malt grillé... un dosage équilibré qui se traduit bien en bouche. L'amertume est douce, à l'image des saveurs, dans lesquelles on perçoit parfois les sursauts du houblon.

LE BILBOQUET
1850, des Cascades O,
Vieux Saint-Hyacinthe
450-771-6900
www.lebilboquet.qc.ca
Lun, 20h-3h; mar-dim, 15h-3h

Le Bilboquet a été fondé en 1990 par Brigitte Favreau et Luc Demers qui étaient aussi propriétaires des défunts Brasseurs Maskoutains. Après avoir transformé une partie de l'établissement en salle de brassage, c'est le 17 février 1994 que les premières bières maison sont servies : la Métayer blonde, rousse et brune. François Grisé, après avoir terminé une formation en gestion hôtelière, a acheté le commerce en 1996 et confia le contrôle de la brasserie à Jean-Sébastien Bernier. C'est maintenant Benoît, le frère de François, qui possède la brasserie artisanale, avec une production annuelle d'environ 300 à 400 hectolitres. Une dizaine de bières différentes sont offertes, soit en tout temps ou au gré des saisons. Pour casser la croûte, le restaurant l'Espiègle partage la même bâtisse et on y sert d'ailleurs les bières du Bilboquet. Pour les fraîches soirées d'automne, pourquoi ne pas accompagner vos moules et frites de la fameuse bière La Sauvage, une triple fermentation au miel de fleurs sauvages.

MÉTAYER BRUNE,
ALE BRUNE, 5%
Une brune foncée, avec un beau col qui tient bien la route. Elle dégage des arômes de noisettes et de caramel qui se reproduisent bien en bouche, tout en se mariant avec les saveurs du malt rôti et du houblon, bien équilibrés. Le tout se termine sur une amertume de houblon qui rafraîchit.

LA CORRIVEAU,
ALE NOIRE, 6.2%
Une bière noire, avec une belle mousse crémeuse. Les arômes d'expresso et de houblon se manifestent au nez. Elle a un corps bien présent où s'alternent les saveurs de houblon, de café et de chocolat. Complexe et agréable, le tout se termine sur une amertume bien sentie.

LOUP ROUGE,
ARTISAN BRASSEUR
78, du Roi, Sorel-Tracy
450-551-0660
www.artisanbrasseur.com
Lun-dim, 11h-1h (horaires sujets à changements)
Le nom de cette toute nouvelle brasserie artisanale rend hommage à un homme, Wolfred Nelson dit « Loup Rouge », qui vécu au 19e siècle et passa sa vie à soigner le peuple et à défendre ardemment les valeurs québécoises en tant que patriote bas-richelois et élu de Sorel et Montréal.

Mais Loup Rouge, c'est aussi une brasserie artisanale qui vient d'ouvrir ses pompes dans la belle région de Sorel-Tracy. Cette coopérative de travail fondée par Jean-Philippe Barbeau, Martin Robichaud et Guillaume Gouin, tous brasseurs artisans dans l'âme, se veut un acteur dans le développement économique et social de sa région en favorisant une grande collaboration avec les partenaires locaux. Ces trois comparses bièrophiles désiraient inscrire Sorel-Tracy sur la Route des Bières mais également, créer un lieu d'échange et de discussion, de découvertes gustatives et intellectuelles.

Découvertes gustatives d'abord avec un menu d'excellentes bières brassées maison et des plats légers comme l'assiette de fromages locaux ou le bagel saumon fumé et fromage de chèvre. Découvertes intellectuelles ensuite avec des projections de films de répertoire et de documentaires sociaux, de conférences sur des sujets variés, dont notamment l'histoire des Patriotes et de la région Sorel-Tracy, sans oublier bien sûr des spectacles musicaux avec des artistes de la relève et d'autres plus connus.

MACKROKEN FLOWER,
SCOTCH ALE, 9.5%
Cette bière est brassée avec du miel de fleurs sauvages et différents malts. Un complexe assemblage d'arômes de caramel, de bois, de vanille et de prunes fait place en bouche à des saveurs de malt chocolat, de fumé et de noisettes. Une bière crémeuse avec beaucoup de corps où les saveurs sucrées viennent balancer le taux d'alcool.

SAISON DU LOUP,
ALE BLONDE, 5%
D'un beau jaune pâle à peine voilé et surmonté d'un collet blanc, cette blonde de saison laisse échapper de délicats arômes de poivre. En bouche, une légère acidité et une amertume bien franche. Une bière qui allie balance et complexité grâce à une levure européenne toute spéciale.

78, rue du Roi
Sorel-Tracy
www.artisanbrasseur.com

BARS, BISTROS, RESTOS SPECIALISÉS

BISTRO DES BIÈRES BELGES

2088, Montcalm, Saint-Hubert
450-465-0669
www.bistrobelge.com
*Lun-jeu, 11h30-22h ; ven, 11h30-23h ;
sam, 17h-23h ; dim, 17h-22h (les heures de
fermeture sont celles de la cuisine)*
En ouvrant la porte de ce bistro,
votre nez s'enivrera des effluves de la
Belgique. Les multiples préparations
de moules avec frites (n'oubliez pas
la mayo au passage) charmeront
tout vos sens. Vous y trouverez une
sélection d'une centaine de bières
d'ici et d'ailleurs. Ce bistro est devenu
une adresse incontournable sur le
boulevard Taschereau pour un repas
entre amis, tant en hiver près du feu
qu'en été sur la terrasse. Un petit
conseil : laissez-vous tenter par le
partage d'une gaufre accompagnée
de fruits… vous constaterez vite avoir
fait un choix des plus gourmands. Un
grand plaisir à prix très abordables !

BOCKÉ RESTO-BIÈRES

10, de Mortagne, Boucherville
450-655-6770
*Lun-mar, 11h-22h ; mer, 11h-23h ;
jeu-ven, 11h-minuit ; sam-dim, 17h-minuit
(Si la fête est bien enclenchée, le Bocké
reste ouvert plus tard…)*
Ce restaurant propose une expérience
gastronomique intense avec un
parfait mariage entre bières et mets.
Avec un choix de plus de 80 bières
différentes, importées ou provenant de
microbrasseries québécoises, la soirée

commence bien ! Pour chaque plat,
on recommande une bière s'accordant
parfaitement dans le but avoué de faire
découvrir une explosion d'arômes et de
saveurs. Les carnivores choisiront entre
les saucisses, la choucroute, le gibier
aromatisé à la bière, ou la bavette de
bœuf à la « Maudite ». Huit tables sont
munies de chantepleures (robinets
reliés à un tuyau) permettant de se
servir un choix de deux bières en fût,
payables à l'once : la Moosehead, une
lager dorée, et la Bocké, une blonde
brassée en exclusivité par Boréale. Le
grand succès des lieux crée un certain
achalandage les fins de semaine… il
est donc fortement recommandé de
réserver à l'avance.

FOURQUET-FOURCHETTE

1887, Bourgogne, Chambly
450-447-6370 / 1-888-447-6370
www.fourquet-fourchette.com
*Début septembre à mi-mai :
lun-mar, groupes seulement sur réservation ;
mer-sam, 11h30-fermeture ;
dim, 11h-fermeture
Mi-mai à début septembre : lun-sam,
11h30-fermeture ; dim, 10h30-fermeture*
Le temple de la gastronomie
québécoise à la bière ! L'appendice
culinaire de la célèbre microbrasserie
Unibroue est une halte incontournable,
que l'on soit ou non amateur de
bières. Et si vous ne l'êtes pas, vous le
deviendrez ! Dans un bâtiment donnant
sur le bassin de Chambly de la rivière
Richelieu, à l'atmosphère évoquant le
XVIIe siècle, vous allez vivre quelques
beaux moments de gastronomie et
d'histoire. Dans la salle de l'Abbaye qui
rend hommage au travail des moines
dans l'évolution de la bière, ou encore
dans la salle Jean Talon, intendant de
la Nouvelle-France et un des premiers

brasseurs en Amérique du Nord, vous dégusterez des plats cuisinés à la bière et des mets amérindiens. À la carte, des plats extraordinaires comme la salade tiède de pétoncles et de saumon fumé à la « Raftman », le ragoût de caribou à la gelée de cèdre et à la « Trois pistoles », ou encore le pot-au-feu du Bas Fleuve à la « Blanche de Chambly ». En mangeant, vous recevrez peut-être la visite de personnages historiques comme Jean Talon ou Louis Jolliet pendant que des musiciens vous joueront un air du folklore local. Pour que le plaisir perdure en dehors du restaurant, vous pourrez aller à leur boutique acheter des plats ou des produits dérivés de la bière et si vous voulez en savoir plus sur la fabrication des bières Unibroue, des visites guidées et des dégustations sont organisées dans la brasserie.

O'CALLAGHAN'S IRISH PUB

60, Augusta, Sorel-Tracy
450-742-2737
www.pubocallaghans.com
Lun, fermé ; mar-mer, 12h-23h ;
jeu-sam, 12h3h ; dim, 14h-23h
Un autre fier représentant des nos racines irlandaise ! Les bières composant le menu du pub nous le rappelle bien : Guinness, Harp, Kilkenny, Smithwick's, tandis que le Québec arbore ses couleurs avec les produits d'Unibroue, de McAuslan et de La Barberie. Certaines bières sont également en rotation afin de nous faire découvrir un monde de saveurs. Si la Militante (une blonde au miel de fleurs sauvages brassées par la microbasserie La Barberie) est au menu lors de votre visite, profitez-en ! Yannick et Sylvain, les propriétaires, ont également réussi à faire du pub une salle de spectacles de renommée, en raison de la qualité des artistes sélectionnés et de la diversité du répertoire.

DÉPANNEUR GRAND DUC

1330, Maple, Longueuil
450-674-7225
www.legrandduc.com
Lun-dim, 7h15-23h
M. Boileau, le grand duc du dépanneur, se spécialise dans les bières de microbrasseries depuis le tout début, soit au milieu des années 80. À cette époque, sa clientèle était surtout formée de jeunes universitaires mais aujourd'hui, « c'est un peu tout le monde qui recherche la nouveauté ». Une simple visite sur leur site Internet permet de constater l'ampleur de sa collection. Et que dire lorsqu'on y met les pieds… tout simplement un paradis pour le bièrophile. Étalé devant nos yeux, c'est environ 200 bières provenant des quatre coins du Québec mais aussi de partout dans le monde. Le Grand Duc a même sa propre bière, une rousse au seigle qui porte le même nom, brassée par La Barberie.

DÉPANNEUR LA RESSOURCE

409, Samuel-de-Champlain, Boucherville
450-655-3091
Lun-ven, 6h30-23h ; sam-dim, 7h-23h
Jean Desroches et Sylvie Martel sont des passionnés de bières et on le sent dès qu'on met les pieds dans leur commerce. S'étant tous deux rencontrés dans une brasserie avant d'ouvrir leur dépanneur spécialisé, le

depanneurlaressource.blogspot.com

409, rue Samuel-de-Champlain
Boucherville | 450.655.3091

destin les dirigeait déjà vers le fabuleux monde la bière. Sylvie qui a suivi sa formation en biochimie souhaiterait bien faire son cours de brasseur… qui sait ce que l'avenir de la bière leur réserve encore !

Mais pour revenir à nos moutons, à La Ressource, des centaines de bières provenant d'une trentaine de microbrasseries québécoises s'étalent devant nos yeux. Il est presque impossible de ne pas trouver ce que l'on cherche et si tel est le cas, parlez-en aux propriétaires qui se feront un plaisir de les commander pour vous… dans la mesure du possible bien entendu ! On peut également se procurer des paquets-cadeaux (et faits sur mesure par Sylvie s'il vous plaît !) et des verres de dégustation. Vous n'y êtes pas encore allés… qu'attendez-vous ?

DÉPANNEUR LE GOBELET

78, Valois, Vaudreuil-Dorion,
450-455-1667
Lun, 8h-21h ; mar-sam, 8h-22h ;
dim, 10-21h
950, Léger, Valleyfield, 450-371-3157
Lun-jeu, 6h45-22h30 ; ven-sam, 8h-23h ;
dim, 9h-22h30
637, Marie-Victorin, Verchères,
450-583-3188
Lun-dim, 7h-23h
www.legobelet.com
Le tout premier Le Gobelet est apparu en banlieue ouest de Montréal, plus précisément à Vaudreuil-Dorion. Il reste depuis un arrêt obligé des bièrophiles empruntant les autoroutes 20 et 40. Sa réputation est due en grande partie à sa sélection de bières de microbrasseries québécoises mais également aux précieux conseils de son personnel. Saint-Arnould et Bièropholie brassent même des bières personnalisées pour le Gobelet : Blanche du Gobelet, Brune au miel du Gobelet, l'Azimut, etc. Petit Gobelet devenu grand, c'est maintenant trois adresses au service de vos papilles gustatives !

LA GRANDE RÉSERVE SAINT-JEAN, L'ÉPICERIE DES HALLES

145, Saint-Joseph,
Saint-Jean-sur-Richelieu
450-348-6100
Lun-dim, 8h-23h
Depuis que le propriétaire a découvert les produits Belle Gueule, il y a plus d'une dizaine d'années, La Grande Réserve de Saint-Jean se spécialise dans la bière. Toutes les microbrasseries qui distribuent leurs produits jusqu'à Saint-Jean-sur-Richelieu sont disponibles dans cette épicerie, ce qui équivaut, à quelques exceptions près, à toutes les bières en bouteille brassées au Québec et distribuées par le réseau des détaillants. Qu'elles soient de La Barberie, de McAuslan, des Trois Mousquetaires ou de Bièropholie, c'est environ 350 bières d'ici et d'ailleurs qui séduisent vos yeux et votre plaisir de dégustation.

MARC LABERGE ET FILS

85, Saint-Jean-Baptiste, Châteauguay
450-691-3070
Dim-mer, 8h30-20h ; jeu-sam, 8h30-21h
Cette entreprise familiale, ouverte depuis 1967, a décidé de miser sur les bières de microbrasseries québécoises « pour donner une chance aux petites brasseries de la province » mais aussi, parce qu'Yves Laberge, un des propriétaires, est passionné de bière. Et on a l'embarras du choix parmi nos excellentes microbrasseries d'ici : La Barberie, Les Trois Mousquetaires, Bièropholie, Le Chaudron International, L'Alchimiste, Les bières de la Nouvelle-France, St-Antoine-Abbé, McAuslan, Brasserie du Lièvre, Les Brasseurs RJ, Ferme Brasserie Schoune. De quoi faire le plein pour les soirées de dégustation !

Et aussi :

DÉPANNEUR FREDDY
145, Victoria, Sorel-Tracy
450-242-2220

DÉPANNEUR LECHASSEUR
729, Lechasseur, Beloeil
450-464-2811

LE SIXIÈME CONTINENT
28, du Roi, Sorel-Tracy
450-746-9090

MARCHÉ LAVIGNE
79, Saint Laurent O, Longueuil
450-670-4350

MÉTRO SABREVOIS
535, Samuel-de-Champlain, Boucherville
450-655-2634

VINCENT LE FROMAGER
410, Taschereau, La Prairie
450-724-4005

BRASSAGE MAISON

GRAINS MALTÉS HEINE
707, Saint-Éphrem, Upton
450-549-5061
www.grainsmaltes.com
Cette entreprise fournit une gamme de produits pour le brassage dont principalement des malts de base et de spécialité de très haute qualité. On peut se procurer du matériel de brassage (fermenteurs, densimètres, embouteilleuses, égouttoirs, etc.), des rhizomes de houblon, différent malts, levures et houblons, en plus de nombreux produits connexes comme des extraits naturels de fruits, de la coriandre, de la dextrose, ou des racines de gingembre. On recommande toutefois de communiquer avec eux directement afin de vérifier la disponibilité des différents produits ou pour passer une commande.

LES LABORATOIRES MASKA
5505, Trudeau, Local D, Saint-Hyacinthe
450-261-1468
www.labmaska.com
Pour les bièrophiles avancés dans la fabrication de bières, ou pour les professionnels qui souhaitent démarrer une entreprise brassicole, les Laboratoires Maska sont des spécialistes consultants. Ils œuvrent dans les domaines de la formulation de recettes de bières, la propagation de levure, l'implantation du contrôle de la qualité, la réduction des coûts d'opération… Il est à noter que Les Laboratoires Maska est une entreprise indépendante dans l'industrie brassicole.

ATELIER BIÈRE ET VIN
1972, Chambly, Longueuil
450-674-2020
www.atelier-biere-vin.com
Lun-mer, 9h-18h ; jeu-ven, 9h-21h ;
sam, 9h-17h ; dim, 10h-17h
Une excellente adresse sur la Rive-Sud où les amateurs de bières peuvent trouver tout ce dont ils ont besoin afin de se lancer dans leur propre production de bières. On trouve sur place des kits de brassage mais également des levures, sucres de brassage, houblons et malts ainsi que quelques pièces d'équipement comme des moulins à grains et des systèmes de bière en fût.

Régions

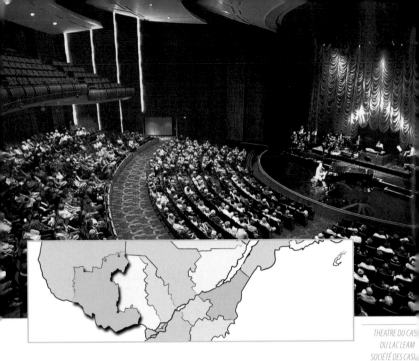

OUTAOUAIS

PRATIQUE

TOURISME OUTAOUAIS
103, Laurier, Gatineau
819-778-2222 / 1-800-265-7822
www.tourisme-outaouais.ca

BISTRO SPECIALISÉ

AUX 4 JEUDIS
44, Laval, Vieux-Hull (Gatineau)
819-771-9557
www.4jeudis.ca
Lun-dim, 14h-2h (dès 11h30 du lundi au vendredi de mi-mai à fin août)
Le bâtiment qui fut l'Épicerie Laflèche pendant près d'un siècle abrite depuis 30 ans ce café-bar très prisé par les travailleurs, les professionnels et les universitaires. Très présent sur la scène touristique et culturelle locale, le calendrier des événements comprend des expositions d'art visuel, des soirées thématiques et, durant la belle saison, des soirées cinéma sur la terrasse.
Pour étancher la soif des visiteurs, une quinzaine de bières pression et plus de 45 sortes en bouteille... une carte des bières locales et importées qui plaira à tous. D'ailleurs à chaque mois, une bière est à l'honneur et affiche un prix réduit !
Pour les petits creux durant la période estivale, un menu composé de salades,

LES BRASSEURS DU TEMPS

Fermier et entrepreneur au début du 19e siècle, Philemon Wright est reconnu comme le fondateur de la ville de Hull (Gatineau) et d'une brasserie qui fournissait en bières les travailleurs de l'époque. Désormais, seul le nom d'un ruisseau, soit le Ruisseau de la Brasserie, laisse croire à un passé brassicole.

La Ville de Gatineau souhaite faire revivre ce site historique en créant un musée d'histoire régionale. C'est ici que Les Brasseurs du Temps entrent en scène. : quatre amis, bièrophiles jusqu'au bout des ongles, rêvent au retour de la tradition brassicole dans la région. C'est donc un projet de microbrasserie abritant un musée brassicole et celui d'histoire régionale que proposent les quatre comparses : un partenariat public-privé qui contribuerait à l'essor culturel sur le plan brassicole mais également patrimonial, artistique et culinaire.

Au cœur du projet, des bières d'inspiration belge, anglaise et allemande, un menu mettant en vedette les produits du terroir, des spectacles, des dégustations publiques, des séminaires sur la bière et bien d'autres surprises.

Pour rester au courant des développements de ce projet local : www.brasseursdutemps.com.

On trouve toutes sortes de produits dans cette épicerie fine dont du fromage et encore du fromage. Et comme ce dernier s'accorde si bien avec la bière, les microbrasseries québécoises sont également en vedette ici avec notamment Dieu du Ciel !, Breughel, Saint-Arnould, La Barberie et Schoune sur les tablettes. De quoi faire le plein pour vos dégustations fromages-bières !

burgers et grillades vous est offert le midi du lundi au vendredi dès 11h30, et en soirée du lundi au vendredi à partir de 17h.

DÉPANNEURS ET MARCHÉS D'ALIMENTATION

LA TRAPPE À FROMAGE
200, Bellehumeur, Gatineau, 819-243-6411
574, Maloney E, Gatineau, 819-643-9000
Lun-mar, 9h-18h ; mer, 9h-19h ; jeu-ven, 9h-21h ; sam, 8h30-17h30 ; dim, 9h-17h

Et aussi :

DÉPANNEUR RAPIDO
44, Front, Gatineau
819-684-7345

MARCHÉ JOVI
50, Bégin, Gatineau
819-777-9921

SAGUENAY-LAC-SAINT-JEAN

PRATIQUE

**ASSOCIATION TOURISTIQUE RÉGIONALE
DU SAGUENAY-LAC-SAINT-JEAN**
412, Saguenay E, Bureau 100, Chicoutimi (Saguenay)
418-543-9778 / 1-877-BLEUETS (253-8387)
www.saguenaylacsaintjean.net

BRASSERIES ARTISANALES

LA KORRIGANE – CAFÉ BISTRO VICTORIA
907, Mars, La Baie (Saguenay)
418-544-8417
www.korrigane.ca
Lun, fermé ; mar-dim, 11h-23h (fermé aussi le dimanche en novembre)
Jacques Antoine, un des copropriétaires du bistro, avait en tête de créer un endroit
où la qualité de la bière aurait autant d'importance que celle de la nourriture.
Lorsqu'il s'est porté acquéreur du bistro, il misa sur un menu de bières importées et
de microbrasseries québécoises avant d'aménager à même les lieux, en 2004, une
microbrasserie qui fournirait en bières de spécialité les clients du bistro. Ainsi est née

la brasserie artisanale La Korrigane, nom inspiré de la goélette qui servi de navire d'exploration et de collecte dans les mers du Sud durant les années 30.

Au Café Bistro Victoria, on propose un mariage mets et bières avec entres autres au menu moules, filet mignon grillé avec pleurotes sautés au Martini, ou tournedos de porcelet grillé sauce au Madère. Un menu à la carte est aussi disponible et comprend salades, grillades, pâtes, sandwichs, etc. Aux pompes, environ cinq bières sont en rotation selon la saison et l'humeur du brasseur, Jean Foster.

EMILY CARTER,
ALE AUX FRUITS, 5.6 %
Une belle robe rouge pâle presque rose et un léger col couvre cette ale fruitée aux arômes de bleuets. Le malt en bouche est plus présent que les bleuets qui se font davantage subtils en goût qu'en arôme. Une amertume discrète et un petit goût sucré créent un équilibre intéressant. Une bière qui nous rappelle que nous sommes au royaume du bleuet !

LA KORRIGANE,
ALE AMBRÉE, 5.1 %
Une pale ale aux reflets orangés avec une mousse modérée mais tenace. Elle a une rondeur plutôt mince et le malt, le houblon ainsi que les saveurs caramélisées et fruitées forment un bel équilibre en bouche. Une bière houblonnée, marquée par une amertume sèche.

LA VOIE MALTÉE

2509, Saint-Dominique,
Jonquière (Saguenay)
777, blvd Talbot, Chicoutimi (Saguenay)
418-542-4373
www.lavoiemaltee.com
Lun-dim, 12h-3h

Ouverte depuis octobre 2002, la Voie Maltée a rapidement conquis le cœur et satisfait la soif des Jonquiérois, à un point tel que les propriétaires ont dû investir à deux reprises en trois ans pour l'achat de nouvelles cuves de brassage. L'idée d'ouvrir une brasserie artisanale est venue de Daniel Giguère, le fondateur de La Voie Maltée, qui

possédait auparavant une boutique de fabrication de bière et vin. Cette boutique lui donna l'occasion de mettre à profit son diplôme de brasseur. Devant l'engouement de ses clients, l'ouverture de la Voie Maltée constituait la suite logique de son parcours.

De la vingtaine de bières brassées par La Voie Maltée, une dizaine figurent au menu en subissant des rotations selon les mois et les récoltes. Pour les petits creux, un menu de style pub où les pizzas maison ont la cote. Sur demande, vous pouvez également organiser des dégustations saucisses-bières et fromages-bières et pourquoi ne pas jumeler le tout à une visite des installations brassicoles... Ludique et si plaisant !

Vous désirez rapporter un petit souvenir ? Directement versées dans un pot « Masson », les bières de la Voie Maltée vous suivront jusqu'à la maison. À noter : des groupes musicaux envahissent les lieux chaque dernier samedi du mois... de belles découvertes en perspective.

AMBIGÜE,
ALE EXTRA SPECIAL BITTER, 5 %
Un grand vendeur de La Voie Maltée ! Au nez, le caramel et le malt ouvrent la porte à des notes de noix et de fruits en bouche. Elle est peut-être ambigüe mais, pour les papilles, elle fait l'unanimité en matière d'amertume.

CRIMINELLE, ALE NOIRE, 9 %
Une bière saisonnière très noire, opaque, avec des odeurs de chocolat et de réglisse noire. Au goût, le chocolat, les

noix et le malt rôti se marient de façon exemplaire avec une généreuse quantité d'alcool, juste assez bien dosée. La Criminelle est la préférée des amateurs de bière et ceux-ci ne se font pas prier pour en déguster une deuxième...

LA TOUR À BIÈRES

517, Racine E, Chicoutimi (Saguenay)
418-545-7272
www.latourabieres.com
Horaire d'été : lun-ven, 13h-3h ;
sam-dim, 14h-3h.
Horaire d'hiver : sam-mer, 16h-fermeture ;
jeu-ven, 14h-3h. Fermé le dimanche.
Fondée en 2001, l'entreprise Les Brasseurs du Saguenay était à l'époque un regroupement de passionnés de bières qui brassaient et vendaient du moût frais pour permettre aux brasseurs amateurs d'économiser et de fermenter leurs bières à la maison. Après avoir vendu du moût, il était dans l'ordre des choses de penser à vendre de la bière, et l'idée d'ouvrir une brasserie artisanale fermentait depuis longtemps dans la tête de Pascal Paradis, un des instigateurs du projet. Il a su convaincre cinq autres actionnaires de se lancer dans l'aventure et La Tour à Bières « s'érigea » au mois de mai 2004.

La brasserie artisanale a pignon sur la très achalandée rue Racine, réputée pour sa vie nocturne, dans une magnifique maison avec des terrasses et une cour verdoyante. Au menu, des spectacles les vendredis et samedis soirs, une dizaine de bières maison (que l'on peut également retrouver en fût dans certains bars spécialisés comme Le Saint-Bock à Montréal) et un menu de type pub avec des saucisses à la bière, des pizzas et autres petits plats. Essayez la Tour à Bières, en format de quatre ou sept verres de dégustation !

FABULEUSE,
ALE ROUSSE, 4.6 %
Une rousse de blé qui dégage des arômes de caramel. En bouche, elle présente des saveurs de noix, de malt et de caramel. Une bière crémeuse qui laisse dans la bouche des notes de caramel, douces et agréables.

NOIRE DE SAINT-ANTOINE,
ALE NOIRE, 4.7 %
Un arôme de malt, de chocolat et de café, qui se reproduit très bien en bouche avec des notes fumées et de noisettes. La mousse colle bien jusqu'à la fin et le tout se termine sur une amertume qui s'étale en douceur.

MICROBRASSERIE DU LAC-SAINT-JEAN

120, de la Plage, Saint-Gédéon
418-345-8758
Salon de dégustation - Horaire d'été : lun-dim, 10h-fermeture (selon l'affluence). Horaire d'hiver : lun-mer, fermé ; jeu-dim, 11h30-fermeture (selon l'affluence).
Visite de la microbrasserie sur réservation seulement.
Aux abords de la Véloroute des bleuets qui ceinture le magnifique Lac Saint-Jean, un tout nouvel arrêt s'impose pour les bièrophiles de ce monde. Fruit d'un projet bien mûri au cours des trois dernières années, les frères Charles et Marc Gagnon, ainsi que la conjointe de ce dernier, Annie-St-Hilaire, ont enfin ouvert les pompes afin d'abreuver les passants de délices houblonnés. 100% local et artisanal !

Afin de parfaire leurs connaissances sur le merveilleux monde brassicole, Annie et Marc ont effectué des stages et des visites dans une trentaine de brasseries belges. Résultat : des bières artisanales goûteuses et bien équilibrées issues du savoir-faire du vieux continent. Leurs bières sont disponibles pour l'instant qu'en fût au salon de dégustation mais rien ne vous empêche d'acheter quelques bouteilles pour faire découvrir ces petits bijoux à vos amis à la maison. Et pourquoi ne pas accompagner votre dégustation d'assiettes du terroir comme la Route aux 3 fromages (assiette de fromages du Lac St-Jean) ou les Délices du fumoir (saumon fumé local). Pour les plus petits creux, olives et pacanes épicées et grillées préparées sur place sont un choix tout indiqué.

Spectacles de musique mettant en vedette la scène locale, bières artisanales brassées avec amour et patience, et événements saveurs pour le bonheur de vos papilles, tout y est pour garantir un avenir prometteur à ces trois comparses. Il ne reste maintenant qu'à surveiller les tablettes de nos détaillants en espérant voir l'apparition prochaine de leurs excellents produits.

BOUTEFEU,
ALE ROUSSE, 5.1%
Cette ale rousse aux reflets cuivrés conserve tout au long de la dégustation une mousse légère tissée d'une fine effervescence. En plus de son nez subtil de caramel, elle offre une douce amertume, des notes délicates de noix, des saveurs maltées et une texture moelleuse.

GROS-MOLLET,
ALE BRUNE D'ABBAYE, 7.8%
S'apparentant à une double belge avec sa robe brune, cette bière de haute fermentation laisse échapper des effluves fruités complexes portés par l'alcool. Sa rondeur est équilibrée par le houblon, ce qui lui procure une belle longueur en bouche.

BISTRO SPECIALISÉ

BISTRO DE L'ANSE
319, Saint-Jean-Baptiste,
L'Anse-Saint-Jean
418-272-1116
www.bistrodelanse.com
Ouvert de fin mai à octobre : lun-jeu, 12h-minuit ; ven, 12h-1h ; sam, 8h30-1h ; dim, 8h30-minuit
Située dans le magnifique village de l'Anse-Saint-Jean, à la jonction des rivières Saint-Jean et Saguenay, ce bistro vous accueille dans son ambiance chaleureuse de petite maison d'antan, où les œuvres d'artistes locaux trônent un peu partout. Au menu, produits biologiques et régionaux pour une cuisine du monde savoureuse. Que dire de leurs déjeuners en week-end, servis avec du café équitable s'il vous plaît ! Pour les amateurs de houblon, Unibroue, les Brasseurs RJ et La Barberie se partagent la carte des produits québécois, avec quelques choix au niveau des importations (Guinness, Köstritzer, Grolsch...).

Côté ambiance, chansonniers et groupes viennent animer les soirées tous les samedis dès 21h (et parfois le vendredi aussi) et si le temps se montre clément, on déménage la fête sous les étoiles. Une place qui vaut vraiment son pesant d'or !

DÉPANNEUR ET MARCHÉ D'ALIMENTATION

MARCHÉ CENTRE-VILLE
31, Jacques-Cartier O,
Chicoutimi (Saguenay)
418-543-3387
www.marchecentreville.com
Lun-ven, 7h-23h ; sam-dim, 8h-23h
Terrines, pâtés, saucisses, fromages, olives, pains et autres produits gourmands trônent sur les étalages mais, sûrement pas autant que la bière. Près d'une trentaine de brasseries et microbrasseries, d'ici et d'Europe, distribuent leurs produits au marché Centre-ville avec un choix exemplaire de bières artisanales québécoises. D'ailleurs, quatre microbrasseries lui consacrent une bière exclusive chacun : La Déraille de Au Maître Brasseur, la MCV brune de La Tour à Bières, l'Azimut B.1 de Bièropholie, et La Corne de Brume de À l'Abri de la Tempête. Parmi ses nombreux services, le marché peut organiser des dégustations de bières clé en main où ces dernières seront mariées à des produits régionaux pour une expérience gustative des plus réussie.

Et aussi :

PROVIGO
CAROLINE BOUCHARD
2120, Roussel, Chicoutimi (Saguenay)
418-543-9113

PREMIÈRE BIÈRE
FRANÇAISE